JN152313

高橋信次

心の原点

失われた仏智の再発見

光
法は大自然の心なり
人はこの法を持って
思念と行いをせよ

高橋信次

高橋信次 著作集「心と人間シリーズ」新装版発刊に寄せて

父高橋信次が旅立ってから、四〇年近くの時が流れ、世相も社会の状況も大きく様変わりしました。

当時、希望に満ちた右肩上がりの高度成長期を歩んでいたわが国は、今、積み残してきた負の遺産によって、経済力は翳《かげ》り、国力の低下という厳しい現実の中にあります。さらには世界史上かつてなかった超高齢化社会の到来をはじめ、様々な難問に直面しています。

しかし、物質的な豊かさを飽くなく追求していた時代の中で、高橋信次が「心の復興」「魂の発見」を訴えたその意義は、現在も少しも変わることなく生き続けていると思わずにはいられません。

なぜなら、グローバリズムの名の下に、あらゆるものごとが経済的な価値尺度によって一元的に計られている現実は、かつて以上に、人々の目を数字や目に見えるものだけに釘づけにして、根深く唯物主義、拝金主義の流れを強めていると思えるからです。

人はみな永遠の生命を抱く魂の存在——。この現象界に生まれ落ちた魂たちは、誰もが環境、教育、思想、習慣という人生の条件を引き受けて、それぞれの道を歩む。そしてその経験を通じて心の歪みを正し、人生の目的と使命に目覚めて、それを果たそうとする。現象界は、魂の修行所である——。

高橋信次が示した、この人間観・人生観は、私たち人間の本質が内なる魂にあり、その経験と成長こそ、人生の意義であることを教えています。

生まれる時代、国と地域、肌の色、民族、性別……。私たち人間に様々なあつれきをもたらしてきたそれらの違いの基に、魂という変わらぬ本質が息づいている。魂という次元こそ、それらの違いを、この世界を生きる人生の条件として、根本的に相対化し得るものではないでしょうか。

いかなる人生の条件を引き受けようと、魂の尊厳は変わることなく輝き、それぞれのかけがえのない人生の目的と使命を果たすことができる。そして、それだけの力を抱いているのが一人ひとりの人間なのです。

一九七六年、私との魂の邂逅《かいこう》を果たしてから、父はますます神理を求める想いを研ぎ澄ましていました。「督促状《とくそくじょう》が来ているんだ。もう還らなければならない」。そう言いながら、それまで以上に一途に歩み続けたのです。

医師からはとても無理だと止められながら、それを押して赴いた東北での最後のセミナー――。

「佳子、ぼくは行ってくるからね」

ほほえみながらそう言って出かけていった父の顔を忘れたことはありません。

神理のこと、魂のことを一人でも多くの人々に伝えることができて、それを生きてもらえるなら、命に代えても少しも惜しくはない――。そんな覚悟のすがたでした。

そしてその晩年の父がいつも語っていたのは、人間の心が本当に変わることの素晴らしさ――。数え切れないほどの奇跡の現象を現した父でしたが、父の心にあったのは、その一つのことでした。

「本当の奇跡っていうのは、人間の心が変わることなんだ。それを忘れちゃいけないよ……」

それは、私にとって、何よりも守らなければならない、父からのバトンであり続けています。


人間は永遠の生命を抱く魂の存在――。

では、私たちが、魂としての人生を生きるためにはどうすればいいのか――。そのための道を同志の皆さんと一緒に築いてきたことは、その約束に応える歩みであったと思っています。

今、GLAをはじめ、私の周囲には、神理を学ぶだけではなく、それを実践して新たな現実を生み出す人々があふれています。

故あって心に傷や歪みを抱えた人々が、生まれ変わったようにそこから自由になって新しい人生を生き始める。試練に呑み込まれ、身動きが取れなくなっていた人々が、「試練は呼びかけ」と受けとめて、新しい次元に踏み出してゆく――。

このような現実こそ、父が何よりも願っていた現実であり、思い描いていた未来であったと私は確信しています。

高橋信次が開いた「魂の道」は、今も現在進行形で続いているのです。

この新装版となった「心と人間シリーズ」を手に取られた読者の皆様が、その「魂の道」を継ぐお一人となることを、父はどれほど待ち望んでいるでしょう。それぞれの人生において、それぞれの生きる場所で、ぜひ、その一歩を踏み出してくださることを願ってやみません。

二〇一三年　六月

高橋佳子

はしがき

人間の生活は一見安定しているかのようにみえるが、一寸先は闇であり、不安定そのものだ。死と隣り合わせに住んでいる。生まれた以上、死はさけられないが、それにもかかわらず、人びとは目前の生活に追われ、五官中心の毎日を送っている。喜怒哀楽は人生劇場の台本に欠かせないものだが、しかし、人がそうした生活を続けるかぎり、人生の真の喜びを知ることはできまい。平和はこないだろう。人間が本当に平和を望むならば、物質にほんろうされない、五官中心の生活にピリオドを打たねばならない。なぜなら、五官六根からは、私たちの心の安らぎは、決して生まれるものではないからである。

表面的な教育や説法ではもはや神の子としての己を知ることはできないだろう。それには奥深い心の内面から正す以外に道はないだろう。

私たちは、通常五官の範囲内で生活しているが、実はもっと広い五官以外の次元を異にした世界に包まれ、その中にいる。

肉眼で見える範囲はきわめて狭く、きわめて不安定である。私たちの肉体はエネルギー粒子によって支えられているが、それを目で見ることはできない。形あるものはいつかは崩れる。形あるものは、形のない光の粒子によってつくられ、そうして絶えず新陳代謝をくり返しているのだ。

心の世界、魂の在り方もこれと同じで、私たちの生命は永遠の旅路をつづけている。調和という目標に向かって。心や魂については、普通は見ることも触れることもできないが、しかし、五体が朽ちれば、次元を異にした世界で生活するのである。こういうといかにも唐突に思われるが、事実は曲げられない。

私たちが心の世界、魂の存在を認識したとき、五官や六根にふりまわされた生活のはかなさ、哀れさをハッキリと知ることができよう。なんとなれば、この世の生活は永遠の人生行路の一齣《こま》であり、その一齣《こま》に、ほんろうされる無意味さを悟るからである。

心行《しんぎょう》という言葉は耳新しいであろう。だが、調和という目標を知っている私たちの心は、それに目を向けようと向けまいと、私たちの毎日の生活行為がそれに合致するよう望んでいるのだ。大自然の計らいと人間の在り方というものは、永遠に変わるものではないし、私たちの心はそれを知っているのだ。

ここに著した『心の原点』は、人間と大自然の関係を中心として、人間という心を持った霊長生物を浮彫りにし、物質文明の中で明け暮れる不安定な心の動揺は何に起因するか、どうすれば真の安らぎが得られるかを明らかにしようとするものである。

本書の意をくまれ、心の尊厳性を悟り、本書を毎日の生活の糧とされて、一人でも多くの人が安心した境涯に到達されるよう望むものである。

昭和四十八年四月八日

高橋信次

●目次

第一章　心の原点　その一

1　大宇宙には意識がある

人はどこからきて、どこへ行くのか。

私達がこの現象界に生まれてくるということに、どんな意味があるのだろう……。

地球は、太陽は、そして大宇宙は、生きている大自然は、それらと私達との関係はどのような仕組みになっているのだろう……。

魂とか心というものは実際に存在するのだろうか。もしあるとすれば、どのように存在し、どんな目的があるのだろうか。

それともただ偶然にあるだけなのだろうか。これから取り上げる諸問題は、人間の存在、心、神、人生の目的、苦楽の諸相、現象界とあの世（実在界ともいう）、大宇宙と人間の関係についてである。

いわばこれまで〝ナゾ〟とされていた四次元以降の多次元の諸問題にわけ入り、それを解明しようというわけである。読者諸君は、そんなナゾ解きは不可能とみる人もあるかも知れないが、私の体験では、人間はそのまま、小宇宙を形成しているものであり、苦楽の諸相は、「心」と「行為」が生み出しているといえるのである。

以下これらの問題について、順を追って説明していきたい。

私達の住んでいる地球、大宇宙は、あらゆる生命物質を生み出しているところの源である。もしも地球や宇宙がないとすればどうなるだろう。私達の存在はないはずである。大宇宙があって私達肉体人間が地球という場で生活している。

しかしその大宇宙も、よくよく調べてみると、私達人間同様に物質からできている。光という粒子がさまざまに結合し、あるいは離れることによって空間や固体をつくっている。この事実は、今日の科学で証明しているところであり、否定はできない。

では、その光の粒子はなんでできているか。偶然か、それとも何かの意思によって動いているのか、ということになると科学の分野ではまだ未解決である。未解決だが、自然科学者のなかには、これは偶然でなく、何かの意思が働いているようだと、考えられるようになってきている。

この問題については次にふれるとして、この大自然界は、そうした目に見えない何かの意思の下に動いており、そうしてその作用は相互に働きかけながら共存するように仕組まれている、ということである。

例を身近な問題にとってみよう。私達は、空気を吸って生きているが、その酸素の量は二一％である。それが一〇％に減ったり逆に五〇％に増えると生きていけない。吸収された二一％の酸素（O_2）は、体内の諸器官を通って体外に吐き出されるが、その時、二酸化炭素（CO_2）に変わっている。自動車の排気ガスも同じように二酸化炭素その他の化合物となる。

空気中に戻った二酸化炭素は、こんどは植物が吸収する。植物は、二酸化炭素を栄養源として、太陽の熱、光の合成によって澱粉や蛋白質、脂肪、糖分をつくる。私達人間の血や肉は、こうした植物から得られる。肉体保存に必要なエネルギー源といえよう。

人間と植物は、空気を媒介として、このように相互依存の関係をつくっている。空気については、人間と植物の間をいったりきたりすることによって空気の生命を保持している。このことを循環（仏教では転生輪廻《てんしょうりんね》）という。

こうした相互依存の関係は、私達の人間社会についてもいえるのであり、すべてのものが、そうした関係において成立し、一方において、そうした関係を成立させているものは循環という法則であるといえるのである。

しかしここでさきにもふれたように、こうした循環というものは、偶然に存在しているのではない。空気にしろ、植物にしろ、水にしても、何千年、何万年経っても、減りもしなければ増えもしないし、ある一定量の質量は常に保持されている事実を知るならば、なおさらのこと、循環の奥にかくされた何者かの意思——意志の働きを見のがすわけにはいかないのである。

大宇宙、大自然界には、それを支配しているところの意識——心というものがある。通常、意識とは物事を認知する力、あるいはそれを支配しているものと解すが、大宇宙にも、すべての物の根本である「仕事を為し得る能力であるエネルギー」が同居している。エネルギーは目には見えないが、しかし、存在しているのは事実である。

それは異なった次元の世界に存在しているから、理解はできても見ることはできないのである。

私の指導霊は、

「物質的次元は、もっとも固体的で不安定な世界だ。しかし、ここにも次元の違うエネルギーが同居しているのだ。そして無機物質のエネルギーより、有機物質と同居しているエネルギーの次元ははるかに高次元である」

と説明する。

仏教で説く、色心不二の世界について考えれば、〝色〟とは、私達の眼でとらえることのできる世界といえよう。

虹の七色の世界、すなわち〇・〇〇〇〇四センチ～〇・〇〇〇〇七センチのサイクルが、私達の視界の限界である。赤外線も、電波も、紫外線も、x線γ線σ線も、私達には見えないだろう。

万物は、何万色かの色彩によって包まれている。そのために物質を〝色〟と考えたのである。その意味で、私達の肉体も色であり、大自然も色といえよう。

その意味で、心とは、次元の異なった世界に存在するもので、一般的に私達の眼では確認することが不可能である。

物質のエネルギーが次元を異にして共存しているように、エネルギーは、

「物質の質量と光の速度の二乗の積である」

と、物理的には、アインシュタインが、特殊相対性理論で説明している。

つまり、仏教でいう〝色心不二〟ということと何も変わってはいないということである。

このように、大宇宙という物質の世界を支配している高次元の意識、心こそ、神そのものだということが理解されよう。

私達の住んでいる地球も、太陽系の小惑星で、他の惑星群と三万数千個からなる衛星や小天体と、秩序を保ちながら自転、公転している。

私達は、通常太陽暦を使って、年令や時間、月日を定めているが、こうした年月日、時間というものは、周知のように、太陽と地球、地球と月の自転や公転から割り出されたものだ。

驚くべきことに、この時の運行は、百年間に千分の一秒しか狂わないということである。

人間の知恵によって、送り出された宇宙船は、やっと月の世界まで到着することができたが、太陽系のこうした神秘からみると、いかにも小さいという感じがぬぐえないだろう。

さらに、人知のおよばない宇宙の運行を見るときに、私達はそこに、想像も及ばない宇宙の意識、物理的エネルギーの存在を認めなくてはならないはずである。

恒星や惑星が、もし秩序整然と運行していなかったならば、大変なことになるだろう。地球など、どこへ飛んで行くかわからない。

これらの量は、大宇宙の意識、意思（意志）にもとづいて調和しているから安全であり、こうした秩序をみるときに、私達はそこに、偉大な神の存在を無視することができないといえるのである。

2　恵みを与える大自然

私達は、そうした偉大な神の慈悲によって、生かされ、生きている。万物万生はことごとく神の現われであり、神の慈悲の下に、生活しているといえよう。

たとえば私達の肉体は、動物や植物や鉱物などのエネルギーを吸収することによって、その保存が可能であり、地球の自転、公転によって春夏秋冬の自然現象が起こり、安定した生活ができるのもその一つであるといえる。

太陽の熱、光のエネルギーが、地球に、調和された環境を提供しているからである。

このエネルギー代については、何を求めることもなく、私達に三百六十五日、休みなく平等にその恩恵を与えている。

太陽は人間に、ああしろ、こうしろとはいわない。ただ黙って、熱と光を放射している。太陽は神の心の現われであるといえるし、そうして、そのこと自体、慈悲でなく、愛でなく何であろうか。

人間の造り出した電力、ガス燃料は、使用料金を払わないと、無慈悲にストップされてしまう。支払い能力のある人にだけは与えられるが、金のない人には使えない。

神の心とは大分へだたりがあるのである。

太陽は、地球に一秒間に約二百万トンの石炭を燃焼しただけの熱エネルギーを、三百六十五日休むことなく与えている。

世界人類が均等割りに、太陽の熱と光の料金を負担するよう、太陽に請求されたらどうなるであろうか。おそらく、全人類が、すぐに破産してしまうであろう。

そうしたことを考えると、これは、本当に慈悲深い神の心の現われであるといわざるを得まい。

人間は、この大慈悲を受けているにもかかわらず、雨が降れば文句をいい、天気が続けば続くで文句をいう。

つまり、感謝の心がわからないのである。

もし、太陽の熱がなくなったら、地球は即座に氷結してしまい、私達の生存は不可能だろう。太陽のない世界を想像したくても、できない相談だ。

また地球が生きている理由として、この内部には莫大なエネルギーが共存されている。火山、地震の現象を見ても、それはわかる。

太陽の熱に比較すればわずかであるが、地熱というものがある。温泉などは、そのために生じている恩恵といえよう。

私達の肉体も同じことである。

動植物のエネルギーが吸収されて胃に入り、消化されて各諸器官を通り、血となって心臓から血管、毛細血管に通じて五体の調和を保っているのである。

私達は、そのお蔭で生活できているのである。大自然の仕組みと同じように、私達もその仕組みのなかで生きているのである。

私達は、このような大自然の恵みというものに対して、感謝の心を忘れている。大自然の恵みを当然のように思ってはならないだろう。

太陽を拝め、先祖に供養せよ、という説教は、これまで多くの宗教家達によって説かれてきたが、形式ではなく、感謝の心、それに対応する行為が必要で大事であろう。

大自然に感謝する心があるのならば、私達は一人で生きているのではない。社会の一員として存在しているのだという自覚を持ち、社会人類のための布施をなす、報恩の行為が大切だといえよう。

一人一人が、自ら普遍的な神の慈悲のありがたさを悟り、心と心との大調和による平和な社会を築く、その感謝の念と報恩の行為が大切ということである。

3　自然界にも心があった

さて、こうみてくると、地球を含めた大宇宙全体は、意識そのものであり、意識が働いているとすれば、心が存在しているといえるだろう。なぜなら意識とは、心を包む機能であるからだ。

大宇宙は、神という心を中心にして、回転している。

すなわち、太陽をとりまく惑星群や衛星群、小天体群は、太陽の引力下にあって、集団がそれぞれの軌道を規則正しく飛んでいる。しかし、その中心には太陽という恒星があり、それらは、太陽の力によって支配されているのだ。

極微の素粒子にしても核があって、その周囲に核外電子が回っている。もし、それがバラバラに動いているのなら、原子という体すらなさないであろう。

このように物にはすべて中心がある。

私達の意識とて同じことだ。

大宇宙の意識とて中心があり、心という意思——意志を持って、私達の心をも支配している。

したがって、心がある以上、大宇宙の心は慈悲と愛の塊りであるといえる。

なぜ〝慈悲と愛〟かといえば、私達人間をはじめとした一切の生物に対して、生きる環境を与えているからである。太陽という熱、光。地球という場。空気や水にしてもそうではないか。

ふつう慈悲とは、なさけ、いつくしみ、思いやりということである。人の苦労をみて、なんとか助けてやりたい、苦労をとり除いてやりたい、楽にしてやりたいという心である。

この心は自己を滅却した、自己を拡大した広い心、高い境地を意味する。

インドにおける釈迦は、この慈悲の心を人びとに説いた。人間は、誰しも慈悲の心を持っており、この心があるからこそ、人間は人間としての資格と権能（悟り）が与えられているのだ、と。

慈悲の心は、善人にも悪人にも平等に、熱、光のエネルギーを供給するあの太陽のような行為を意味するからである。

では愛とは何か。愛も慈悲と同様に、神の光である。慈悲を宇宙の心（宇宙即我）とすれば、愛は、調和を目的とした地上の光である。

愛の根本も心にあるが、その働きは、助け合い、補い合い、許し合う寛容の心である。愛は、無限の調和を求めるものであり、それは人類愛、社会愛、父性愛、母性愛、また愛校心、愛社心、自然愛など、どこまでも広がって行く。

人間が生まれてきたときは、神の子として純白な心を持って、肉体に乗ってくる。

それは、人生航路への船出であり、すなわち出生、門出である。

人間は、誰でも、地獄界から生まれてくることはない。皆、前世の人生においてなした不調和な想念と行為は、地獄界や天上界で修正して出てくるものだ、と私の指導霊は説いている。「しかし、何％かの不調和な業は消えることはなく、肉体を持ったときに出てくる」

ともつけ加える。いずれにせよ、生まれてきたときには、丸い善なる心を持ってくるのだという。

生まれてきた環境、両親の教育、習慣、社会の思想などによって潜在している意識の自我が芽生え、やがて、その性格は善我《ぜんが》と偽我《ぎが》を造り出してゆくということである。

このように、人間は本来善なる心でこの地上界に出てくるのだが、成長するに従って、心を暗い想念の曇りによって包み、罪を犯してしまうのだ。

しかし、神は私達に反省という慈悲を与えている。

誤りを犯しても、あの世（実在界）では、表面意識が九〇％（この世の表面意識は一〇％）も出ているため、善悪の判断がすぐつくのである。

そのため、心に不調和があれば、すぐ肉体的に光の量が少なくなってしまうため、反省をして誤りの修正をしてしまう。

しかしこの現象界に出てしまうと、表面意識は一〇％くらいしか出ないし、厳しい盲目的な人生航路のため、どうしても正しい判断を欠いて誤りを犯してしまう。

しかし、犯した不調和な想念と行為について、心から反省し、二度と同じ過ちを犯さないで、より光明に満ちた豊かな心を造り出すことによって、罪は許されるのである。

許すという愛の働きがなかったならば、私達人間は永遠に救われることはないだろう。

人々の罪を許し、人々をして生きる喜びにいたらせ、お互いに手をとり合い、助け合っ

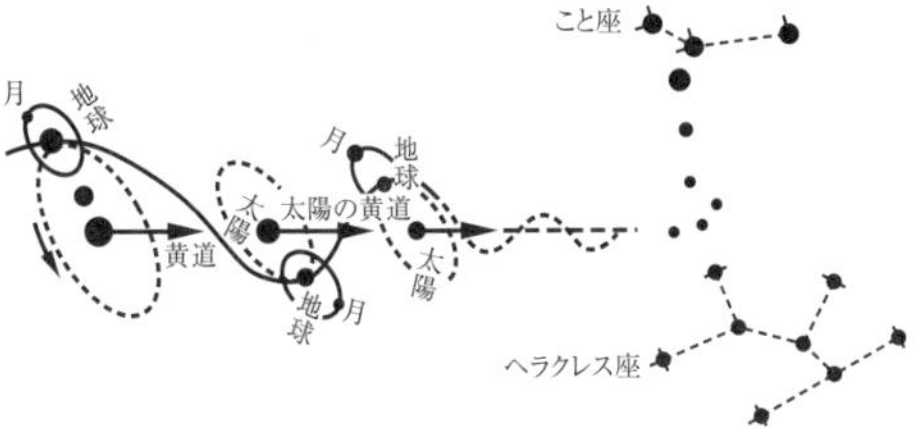

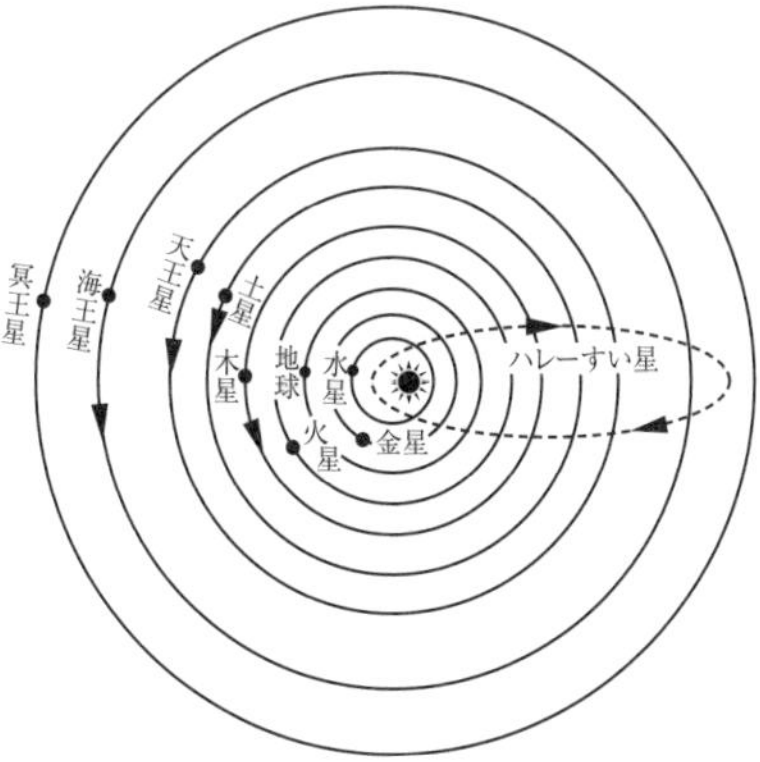

太陽系の惑星集団

て調和へと高めて行くことによって、地上の大調和という環境が築かれて行くのである。

慈悲を神仏の縦の光とすれば、愛は人の横の光といえるだろう。

このように、縦、横の調和された慈愛の光がむすび合ったとき、人は神を発見し、仏性である己を悟ることができるのである。

このように、この大

宇宙全体は、慈悲と愛によって調和され、維持されているのであり、それはまた慈悲、愛の塊りであるといえるのである。

4　細胞、物質にも生命の働きが

大自然界を支配している大意識は、慈悲と愛の塊りという神仏そのものの心であり、大宇宙体は、その心の反映であるともいえる。

そうだとすれば、大自然界は、そのまま神仏の体であり、心もなにもないただの物質、とみて来た私達の考えは、ちがっていたといえるようだ。

ここで仏という言葉が出て来たが、仏とは、最高の境地に至った人間を指す。いわば神の心と表裏一体となった心の所有者を称して、仏というのである。

別名、光の大指導霊ともいい、神より一切の権限を委託されている責任者といえよう。

かつての釈迦は、ブッタ（仏陀）となった。そうして、大宇宙を貫く神の意思（意志）を衆生に説いていった。

仏がなぜ神と同体であるかというと、神の意識である大宇宙体に、その心が拡大され、そこに、偉大なる神の営みを発見し、人間の心も、その営みを知って、形の上に行じていくことを悟ったからである。

イエス・キリストもまたそうであった。イエスも神の愛を体し、人びとに愛を説いた。この地球と、それを取り巻くあの世、実在界の人類は、こうした仏の指導下にあって、毎日の生活を営んでいる。

地球を指導する大指導霊は、アガシャー系のグループで、神より全権を委任されている。この仕組みについては後述するが、ともかく、正道を悟り、欲望と執着から離れた境地に達したとき、私達のもう一人の自分は、みるみる大きくなり、大仏のように変わり、さらに調和されるに従って、飛行機の上から地上を見るように、自分自身がふくれ上がって行く。

やがて、地球が手の掌《ひら》に入るように、しかも、もっと意識が調和されると、大宇宙全体にまで広がり、宇宙はすなわち自分である、という境地に到達する。

つまり、宇宙を動かしている者は自分であり、太陽も、地球も、火星も、金星も、自分の心の一細胞にしかすぎない、という境地になってしまうのである（七〇頁の図を参照）。

この境地に至るには、永い転生輪廻、すなわち、人の魂は、この世（現象界）とあの世（実在界）を循環しながら、自分自身を失わない永遠の生命であり、その過程の中で、築き上げた調和された心が、その境地に到達できるのである。

大宇宙からみた地球は、塵やホコリのような存在である。しかし小さな細胞のような地球といえども、意識をもっている。釈迦が大悟して宇宙大となったあと、再び小さな五体となって自分自身に返っても自分の意識は変わらないように、どんなに小さなものでも意識が存在しているのであり、神のエネルギーが働いている、ということを悟る必要があるだろう。

我々の住む太陽系は、大宇宙からみると顕微鏡にもかからないような極微の一点にしかすぎない。

私達の住む地球を含めた太陽系に属する銀河系には、約一千億個の恒星と、それに伴う惑星が存在する。地球はそれらの中の一個にすぎない。銀河系を島宇宙として、そうした星々をひきつれた島宇宙、星雲群は、これまた約一千億個にのぼり、いわゆる大宇宙を構成している。したがって、大宇宙からみた地球というものがいかに小さな細胞体にすぎないかということがわかる。

人体の細胞は約六十兆ある。それぞれ、生命を持っている。それはまた原子の構造と同じである。ところで、人間は、人体である細胞と、それを動かしているところのエネルギー、意識、心を持っており、それはちょうど、大宇宙の構成と、まったく同様につくられている。

ただし、大宇宙が、法則のままに動いているのにたいして、人間は、その大宇宙を、地上を、よりよく調和させるために神仏と同様、その意思と自由が与えられて、ものを創り出す能力をも付与されている。

そのために、神仏の心となって地上での生活を送るならば、地上の調和はもちろんのこと、意思と創造と自由の展開は、無限のひろがりをもち、人間としての喜び、仏教でいう法悦の境地を享受することができるのである。

けれども、その反対の場合はどうかといえば、地球に昼と夜があるように、暗黒の世界が待ちうけ、災害、早死、あるいは天変地異といった人智の及ばぬ天災に見舞われることになる。

これはどうしてかというと、人間の在るところの環境一切は、人間の意思にまかされているからである。

悪の意思が働けば悪の結果が、善の意思が働けば善の結果がもたらされるのである。大宇宙は法則によって動いており、地上の人間界も、このワク外には決しておかれてはいないのである。人間の意思と自由性は、その大宇宙の法を、たくみに運用し、よりよき調和を具現してゆくようにつくられている。

このために、調和を離れた悪の意思と行為があれば、自分自身の体の不調和をきたし、その不調和が集団的となれば、人間の住む環境は、人間の意思にまかされているから、物質世界にも不調和をきたし、災害を呼びこむことになるのである。神が天と地を、その意思と偉大な能力で創造したように、神の子である人間にも、その意思と創造と自由性が付与されているからである。人間の想念は、ものを生み、創り出す能力があるからである。間違えてはいけない。私達人間は、大自然のおきてである転生輪廻という循環の法を、正しく生かすことによってのみ、喜びと自由、という心の解放があるのである。想念にも循環の法が厳として存在し、悪には悪、善には善がかえってくることを決して忘れてはならない。

大宇宙からみた地球は小さな細胞にしかすぎない。しかしその細胞自体も、小宇宙を形成し、生命と意識が働いているのである。一グラムの物質をエネルギーに変えると、一馬力（七四六ワット）のモーターを約三千八百年間回すことができる。太陽をこわして地球をつくるとすれば、三十三万三千個できる。

このように、細胞、物質にも生命が宿っており、私達人間は、そうしたエネルギーという生命の大海のなかで呼吸していることを知らなくてはならない。同時に、人間自体もそうしたエネルギーによって生かされていることを認識してもらいたい。

5　法華経は法の存在を教えている

地球という場が神の意識の現われとすれば、地球そのものは大神殿ということがいえるだろう。私達の住む環境は、都会も、田舎も、大神殿である。

その大神殿の中に、どういうわけか金銀財宝を費やした、さまざまな建物が立てられている。どういうわけだろう。私は、この点、本当に理解に苦しむのだ。今から二千五百四十余年前、ゴーダマ・ブッタはインドのクシナガラというところで、その生涯を終えた。

イエス・キリストは一世紀にイスラエルのゴルゴダの地でこの世を去った。釈迦の時代やイエスの生存当時に、はたして仏閣や教会というものが存在していたであろうか。

もちろん、他の宗教には偶像、祭壇もあったが、釈迦やイエスはそうしたものは一切つくらなかった。

これを歴史的に見ると、その後の人達が、釈迦やイエス・キリストの精神、心をくみとろうとして造ったのがはじまりのようである。

しかし、現代のように、物質科学が発達し、極微の世界、極大の宇宙に、人間の科学する心が向けられてくると、こうした教会や仏閣は、いかにもおざなり的で、観光や結婚式場に使われるしか用をなさないというのが現状のようである。

ただいい得ることは、こうした教会や仏閣は、人間であるかぎり、人間の心のふるさととしての効用はたしかにあるようである。結婚式という人生の出発を、こうした場所を選ぶのも、その表われかもしれない。

また、うまく物事が運んでいる時は、さほど感じないが、商売不振、後輩に先を越される、家庭不和、病気、イライラなどに見舞われると、お寺や教会にいって、精神的安息を求めたくもなろう。なにかにすがりたい、助けを求めたくなるようである。人によっては、座禅でも組んで、という気持にもなってこよう。そうして、できるならば、悟りを開いて、物事のケジメや仕組みを、この眼で、この体で知りたいと願う人も出てこよう。

釈迦は、妻子を捨て、王子の座を投げ出し出家したが、この時代は、戦争と貧民、支配者と被支配者、武力と圧政、邪宗の横行など、およそ、人の道は地に落ち、支配者以外は動物以下の扱いをうけた時代で、今日とは、その背景がまるでちがっていた。悟りを開いた後においても、釈迦は、在家の衆生に仏教を伝道し、いたずらに、現実逃避のために出家することをいましめた。

人間の目的は、現実社会の調和にある。生活の中に、悟りがある。釈迦は、その道を多くの人々に教えるために、あえて出家した。そして自らが、その苦しみを解脱して、人類救済の目的を果たして行くのであった。

イエスにしてもそうである。左官の家に生まれ、はじめは仕事をしながら、愛を説いた。しかしやがて悪魔から人々を救うために伝道一筋に、その生涯を投げ出し、聖書に見られるような数多くの奇跡を残し、生涯を閉じたのである。

こうみてくると、仏閣とか教会の存在意義というものは、今日では、あまり感じられない。もし通用するとするなら、それは多くの場合、現実からの逃避の場としかいいようがない。なぜなら、釈迦もイエスも、こうした殿堂や伽藍をつくらなかったばかりか、人間の心、物事のケジメや仕組みを知るには、太陽が東から西に没する事実、四季の変化、水の性質、人間社会の様々の経験の中から十分汲みとることができるとしていたからにほかならない。いたずらに、殿堂に莫大な金をかけ、威厳を誇らなくとも、人間それ自身の心の尊厳性こそ知るべきであり、またそうした金があったなら、困った人に分かち与えるべきであろう。大殿堂をつくり信者を盲信させてあやつることは釈迦もイエスもしなかったのである。

自然は、常に正しく運行し、宇宙も、極微の世界も、一つとして、神仏の経綸から外れたものはない。それはもともと大宇宙体は大神体であり、地球は大神殿にほかならないからである。日蓮の書いた南無妙法蓮華経という曼陀羅をもって、これを神仏とみる人がいるが、これもとんでもない間違いである。

なぜなら、曼陀羅そのものは単なる紙きれにしかすぎない。

ある日蓮宗の信者が、私に、

「あなたには、拝むご本尊がないではないか。私達には曼陀羅というご本尊があるが、対象物がなくて祈ることができるだろうか」

と質問したことがある。私は逆に質問した。

「なぜ祈る対象が必要か。曼陀羅とは、ご本尊と称する日蓮が作ったものですか」

信者はこういった。

「日蓮こそ、久遠の仏だから、ご聖人の造った曼陀羅こそご本尊だ」

日蓮は果たして神か、否である。日蓮も、肉体を持って、人間として地上界で生活をされた人のはずである。

その日蓮が、生まれてきたとき、首に曼陀羅をぶら下げてきたであろうか。

やはり日蓮も人の子である。神は、人間に必要なものはすべて与えてくれているし、曼陀羅などは、人間の知恵が造り出したものだ。

拝む対象物は、大宇宙の法、すなわち神の心と自らの心との対話以外にあり得ない。

「あなたが生まれてきたときに、祈る対象物として曼陀羅をぶら下げてきたなら信じよう」

と私が説くと、その信者は、

「曼陀羅をぶら下げてはきません」

と答えたものであった。

インドの時代、ゴーダマ・ブッタは無学文盲の衆生に方便で説いた。その、衆生に解りやすく説明したうちの一つが、法華経という形づけられたものになってしまったのである。

「諸々の衆生、比丘《びく》、比丘尼《びくに》達よ。

あの沼に美しい蓮の華が咲いている。

あるものは、水の上に、あるものは水の中に咲いている。

しかし水の下は、泥沼で汚れているだろう。

決して綺麗なものだとはいいがたい。

諸々の衆生よ、比丘、比丘尼達よ。

お前達の肉体も、あの蓮の華と同じことがいえよう。

眼を見なさい。疲れたときや眼病にかかれば、眼糞が出るだろう。鼻糞、耳糞、汗、大・小便、一つとして綺麗なものが出ないように、肉体はまったく泥沼のようなものだ。

この泥沼のような肉体に執着を持って苦しみを造っている。

しかし、この肉体が泥沼のように汚れていても、心が〝法〟を悟ってこの法にかなった生活をしたならば、あの蓮の華のように美しく、大自然のなかに調和され、心のなかは安らいで神の心と調和されるのだ」

このように説いたものが、法華経の根本となったのである。

これを、法華経として中国流に哲学化されたものを、二千五百年前のインドの衆生に説いたところで理解されるであろうか。おそらく理解はされないであろう。

それは知が先になって、学問的になっており、生活のなかに活かすことは困難である。大体、大乗だの小乗だの、原始仏教だの、ということがおかしい。

〝法〟というものは神の心であり、神理は今も昔も、また未来も変わることがないのだ、ということを悟らなくてはなるまい。

大自然のルール、これこそ不変の法である。大自然は、また大神殿であり、神の身体である。

イワシの頭も信心から、というが、信心信仰とはそんなものではあるまい。

何かにすがる、対象を求める、これは人間の弱さであり、人間の心が物としか見えず、宇宙全体を貫く永遠の生命、光と影とを超越したところの魂の悠久性を忘れたために起こることである。

この大地は、神の神殿であり、わが心も神仏を宿す、大神殿であるからである。

6　ジャングルにみる自然の摂理

この地上界は、人間以外にも多くの魂が修行している場である、いわば修行場なのである。動物も、植物も、この地上で魂を磨いている。

ここで少しばかり、動物と植物の関係についてふれてみよう。

動物の種類は、昆虫を含めて、その数は何千何万にのぼり、多種多様である。未発見の動物（昆虫を含め）もまだ沢山存在している。彼等は、その与えられた環境にたいして、精一ぱい生きている。バクテリアを食べている虫。その虫を食べている昆虫。またその昆虫を食べる、より大きな動物、という具合に、大きな動物は小さな動物を、強いものは弱いものを食べながら生きているのが彼等の世界である。

動物の世界を外からながめると、そこには、血も涙もない弱肉強食の世界があらわにうつり、もののあわれ、生物の宿命を感じてくる。自然にたいして、いきどおりさえおぼえてくるだろう。ところが、こうした動物達の生態そのものは、実は、自然の摂理にしたがって生かされており、そこには矛盾も撞着もないのである。

百獣の王といわれるライオンは文字通り、向かうところ敵なし、つまりライオンを倒す相手がいないので王といわれている。倒す相手がいなければ地上はライオンで埋まるはずである。ところがライオンの数は一向にふえない。ふえない理由は食べ物（他の動物）の数に制約され、かつ比例されているためである。同時にライオンに食べられる動物達の数も一向に減らないようになっている。仮に、ライオンに食べられる動物達が百頭いたとすると、これを食べるライオンの数は、それに比例した範囲内で彼等が存続を続ける数しか生かされてはいないということだ。なぜそうなっているかというと自然が彼等を監視し、彼等をコントロールしているからに外ならない。

何者にも襲われない成長したライオンはまさに王者であり優雅であり特権階級のレッテルを貼ってもいいように思われるが、しかし自然は、けっして不公平に、扱ってはいない。彼等には飢えという苦しみが与えられている。彼等は獲物をとるのに大変苦労する。時には何十日も飢えとの戦いを強いられる時もある。そうしてヘトヘトになって、やっと獲物にありつく。これはなにもライオンにかぎらず、肉食動物のいわば宿命でもある。

このように、彼等はけっして特権階級でもなければ、優雅でもない。一方、草食動物はどうかというと、こちらは草木はふんだんに与えられているから飢えに困るということはない。したがって、放っておくと、彼等の種族はどんどん増えていく。ところが、草木が枯れれば、彼等の生存も覚束《おぼつか》なくなってくる。そこで、草食動物と草木との調整役を果たしているのがライオンをはじめとした肉食動物といってもいいのである。草木は、群生する草食動物の排泄物がその肥料となり、草木自体の生存を可能にしている。草木卑近な例としては、花と蜜蜂や蝶の関係である。蜜蜂や蝶は、花にある蜜を求め、花は蜜蜂や蝶の仲介で花粉を得て、花をより美しく咲かせる。

このように、動物と草木の関係というものは、たがいに補い合いながら、自然の環境を保持しているのである。けっして、それぞれが独立して、好き勝手な行動をとっているのではない。いうならば彼等は、全体の生存を可能にするために、それぞれの立場で生かされ、自分の身を供養しているのである。それは、弱肉強食というような凄惨なものではない。表面的には強者が弱者を食べるという形をみせてはいるが、その図の奥の背景というものは、全体を生かすという全体への調和であり、各種族が身を投げ出すことによってほかの種族が保存されているということを知るべきである。

ここで、私達がもっとも注意しなければならないことは、彼等は絶対に、無益な殺生はしていないということである。誰にも襲われることを知らないライオンも、一度獲物を得、満腹になれば、けっして、それ以上の獲物を求めることはないということである。目の前に獲物が通っても、これを襲うことはしない。

これが彼等に与えられた自然の摂理である。もしも彼等が面白半分に、弱い者をやたらと殺すようなことをすれば、やがては彼等自身の生存を危うくするからである。彼等は必要なものしかとらない。飢えがいやされれば、彼等はそこで満足する。足ることを知っている。知っているというよりも、天が与えた彼等の本能である。

自然が彼等をコントロールしているとはこのことである。動物や植物のこの世の使命というものは、石油や石炭にもみられるように、この地上界の進歩と調和のいしずえになるためのものであり、人間が、この地上に降り、この世の仏国土を形成するための先駆者でもあったわけである。彼等はそうすることによって、彼等自身の魂の進化がうながされ、やがて彼等は誰からも犯されない魂に成長してゆくであろう。一寸の虫にも五分の魂が厳として存在し、彼等は、その与えられた環境のなかで精一ぱい生き、成長し続けているのである。

私達は、この自然界の姿というものを正しく見なければならない。表面に現われた姿だけをとらえて、これを社会や、人生観に当てはめてはならない。

人間は、ものを考えて、よりよい社会、調和された地球国家を築き、動植物を含めた大自然界のよき支配者でなくてはならない、というのが神より与えられている使命なのである。

万物の霊長以下の、動物の闘争本能をまねるべきではない。領土争いや経済闘争に明け暮れ、血で血を洗う無益な戦いをし、生命を捨てている。そんな人間同士の醜い争いに終止符を打たなければならない。

また科学の発達によって、殺虫剤などを用いたり、リンゴや桃など果物を人工受精させたりしている。

しかし、そうした化学剤が人体にも害毒を与えるようになっている。山野の動物は、心ない人々によって殺され、姿を消しつつあるのも現代の不幸である。河川の公害、空気の汚染といった自然界の破壊が、ますます人間の心を失わしめ、動物以下の醜い破壊活動や心を忘れた学問的人間のみを造り出し、自然の調和を崩している。

私達の多くは、ようやく人間復活を叫び始め、大自然と一体であることに気づき始めた。私達は、この大自然のよりよい調和のなかで、他の動植物とともに生かされているが、自然をそこなう争いを続ければ、動植物の生態にも多くの異常が起こってくるであろう。私達は、このような動物、植物の実態を正しく認識し、いっそう魂の向上を目指さなくてはならない。

7 輪廻を続ける物質界

私達人間を始めとして、動物、植物、鉱物の生命は、過去、現在、未来の三世にわたって輪廻を続けている（一六五頁の図を参照）。

輪廻とは、この世に生を享けたものが、またあの世に帰ることだ。

そして、あの世に帰った霊（意識・魂）は、再びこの現象界に生まれる、というふうに、そのくり返しを続けることである。

人間にはこの転生輪廻の過程を通して、二つの目的がある。

その一つは己自身の魂の調和であり、もう一つは地上の楽園（ユートピア・仏国土）を造ること、それである。

この地球上に降り立った人類は、きびしい環境、すなわち恐竜や他の動物達によって荒廃した地上に、万生万物の調和を目的とした理想郷建設に努めてきた。

最初の頃は、神の子としての自覚を持って、きびしい環境のなかで平和な社会を築いて行った。人々の心のなかには、争いも闘いもなく、規律正しい平和な社会であった。

そして文明も栄えた。

やがて恐竜達は姿を消し、小動物が住むようになり、人間の友となった、犬や猫から、魚類、貝類、両棲類や爬虫類などが出てきた。

蛇などは人類の歴史より古く、性格が獰猛で、その生命力と狡猾さは、他の動物とは比較にならなかったようだ。

暗い、ジメジメとしたところを好み、音もなく近よって獲物を襲う。人類の先祖はこの蛇には随分悩まされたという。

神は、蛇を創り、人類に警告を与えたのだ。業想念にとらわれ、五官六根にふり回されるとやがて自分が蛇のようになると……。

当時の人類はあの世を知り、この現象界の目的も知っていたから、蛇の存在理由を熟知しており、互いに戒め合い、仏国土の建設にいそしんでいた。

しかし、人類は、子孫が子孫を生み、地上の生活に慣れるに従って、あの世を忘れるようになり、種族優先、自己保存の欲望の想念が強くその心を支配するようになって行き、そのため、平和な地上は、争いの巷と化して行くのであった。

種族は、領土問題や境界問題など、他の種族と感情的にもつれ、闘争を生んで行き、やがて、力の強い者が戦争、略奪に勝ち、支配者と被支配者の関係が生まれ、独裁者が命令をかけるようになっていったのである。

地上界からあの世に去る者達のなかには、従って人生での目的を忘れ、不調和な暗い想念を自らの心に造り、地獄界に堕ちて行く者が多くなって行った。

地上界を縁として、一切の執着心が霊囲気を曇らせてしまったため、地獄界が出現してしまったのである。

このようにして、文明が栄えるに従って、幾度か人類は心を失い、暗い想念で神の光をさえぎり、大きな天変地異を体験するのであった。

大宇宙体の一細胞の不調和が暗い霊囲気を生み出し、神の光をさえぎってしまったため、海底に沈んでしまった地域もある。つまり、大地震によって不調和な部分はとり除かれて行ったのである。

こうした、ノアの箱舟的現象は何回かくり返され、人々の多くは土中に、海中に消えて行った。

ルミジア大陸、ムー大陸、アトランティス大陸も、このようにして海底の藻屑と消えてしまったが、それは人々の飽くことなき欲望と、心を悪魔に売った人々が、多くの光の天使（神の使者）を死刑にしたことが原因となっている。

私の指導霊、ワン・ツー・スリーは、このように説明するのであった。

この世は、調和されるようにできており、人間の肉体も、精神も、神の姿と同じように造られているため、調和に反する行為があれば、それに比例する反作用の責めを負わなければならないのである。

蒔かぬ種は生えぬ、蒔いた種は刈りとること、これは神の摂理なのである。

さらに重要なことは、神仏の使者に対して危害を加えた場合は、その何倍かの試練を受けねばならないということである。

人を呪わば穴二つ――。

人間の想い、念力というものは、全世界に波紋となって広がり、それに類する人々を傷つけると同時に、その念波はやがて自分に返ってくるのだ。

ただし、心の調和された、光明に包まれている人々には、不調和な念波が送られても、反作用となってそれを送った者達に返ってしまうのである。

恨み、妬み、そねみ、怒りの想念も同じように、自分自身にもどってくるということを知らなくてはならない。

いわんや神の使者を傷つけ殺した場合は、地球という大神殿そのものをけがし、破壊するので、破壊行為に加担した者は、すべて天罰を受けることになってしまう。

つまり天罰とは、天に向かって唾をすると同様に、自ら求め、自ら得た結果なのである。

現代は、物質文明の世だ。

人はあの世を忘れ、一寸先は闇といった生き方をしている。

五里霧中で、目的も解らないで、マラソン競争に精を出しているのが、現代人の姿である。

この現象界に生まれてしまうと、同時にあの世の記憶を忘れ、記憶している意識は一〇〇%潜在されてしまう。

人は、生まれた環境、両親の教育、思想などによって、段々育って行くに従って、表面に出てくる意識が一〇%くらいにまでは成長して行く。

潜在されている九〇%の意識のなかには、転生輪廻の一切が記憶されているのである。

逆に、あの世、実在の世界においては、九〇%近くが表面意識に出ており、潜在意識は一〇%くらいになっている。潜在意識が減るということは、成長なのである。

この世を去ると、その人の心の調和度によって潜在意識が表面化する度合いがふえていくために、心と心で他人と自由に意志が通じるようになって行く。

私の守護霊、フォワイ・シン・フォワイ・シンフォーは、

「すなわち魂の進化に従って、光明に満たされ、潜在されている意識が徐々に表面に出てくるのだ」

といっている。

それは神なる心との調和度により、生活する環境の霊囲気が、精妙に変わって行くからだ、とも説明している。

「人類は、今から約二億年前に、他の調和された天体から、この地上界を調和するために移動してきたのだ」

と別の指導霊のアガシャーは、私に説明するのであった。

「その当時は、平和な仏国土、楽園であったが、現代人の過去世も、この体験をしている者達が多いのだ」

盲目の人生を通して、私達は神の子としての自覚をし、より豊かな魂を自らの想念と行為によって造り出し、人類は皆兄弟だという、慈愛に満ちた社会を造らなくてはならないだろう。

そして、転生輪廻で造り出してきた悪い性格、不調和な業を修正しなくてはならないのである。一人一人が、神の子として、この地上界の動物、植物、鉱物をして地上の調和に役立たせるように生活をしなくてはならないのだ。

進化論についてふれてみよう。

人間はアミーバーからできたという説がある。そうかと思うと、人間の祖先は猿であるとか、北京原人、南方諸島で発掘された頭蓋骨をみて、人間の進化の過程が想像されるとさえいっている。

アミーバー説についていうと、アミーバーそのものは、いったいどうしてつくられたかである。アミーバーをつくるにはアミーバーの元がなければならない。水素やヘリウムなど、百種あまりの元素について、では何故《なにゆえ》に、元素は存在するかという点になると、今日の科学は説明できない。

今日の自然科学は、一つの壁にぶつかっている。その壁とは物質のモトである原子、素粒子についての状態は説明できても、その状態を生み出しているところのエネルギーそのものがわからないからである。

心ある科学者は、そのエネルギーについて、それは神仏の力であるといっている。原子は光の粒子で構成され、光の粒子は霊子というものからつくられている。といってもこれは客観的にはまだ証明できない。

そこで私は現実的な形で霊子とその存在について証明を行なっていきたいと考えている。

次に、北京原人や古代人について、考えてみよう。

もしも、人間が猿の進化物とするなら、進化途上の類人猿がいても不思議ではないはず。しかし人間に進化している途上の類人猿は、現在いない。北京原人や、南方諸島の原始人の頭蓋骨の大部分は人間とは異なる類人猿である。

人間の頭蓋骨、骨格は、今も昔もかわらない。百万年前も、今も大差はない。大差ないという証明は、すでに科学によってなされているし、将来は猿の進化物でないことがいっそう明らかになっていくであろう。また、もし進化論で片づけられるなら、現実に、猿から人間に変わる過程の人間がいても、少しもおかしくないと思う。

多くの場合、文明文化の進化の過程をとらえて、人類にも進化の過程があるとみているようである。考えようによっては、そうみえてもしかたがない。

では、今から四千年前のエジプトの文明やインカの文明をどう説明するかである。

インカの場合、ネコ科動物をモチーフとした像や力強い土器、金、銀、銅などの装身具、雄大な石造神殿、大規模なかんがい工事や、ひな壇畑の造成、これらの技術、経済の発展は地方的とはいえ、現代でも十分通用し得るものである。現代でも、そのナゾが解けぬという千三百メートルにわたるサクサワマンの防壁。接着剤を使わずに、巨大な石を組み合わせた石積みは、今日なお、びくともしていない。石と石の接着部分は、あの薄いカミソリの刃さえも入らないほど密着し、何千年を経た今日でも、ビクともしないというのである。当時の技術が、いかに進歩していたかが分かる。

エジプト文化にしても、そうである。とりわけ絵画については、日常生活のあらゆる情景が生き生きと描かれ、数千年のへだたりを忘れさせる新鮮な魅力に満ちあふれている。

当時のエジプト人は、精神的に、すぐれていたといえよう。まず、人間には来世があり、そうして、再び、現世に舞い戻ってくることを知っていた。このため、あの巨大なピラミッドは、人間が死して、現世に舞い戻った時に、それを使ってエジプト文明を、より栄えさせるために、必要な財宝、資料を保存させるために、つくったものである。

今から四千年以上も経つ、ギゼーのクフ王のピラミッドは、底辺の一辺が二百三十メートル、高さ百四十六・五メートルもある。石灰石の重さは平均二・五トン。個数にして二百三十万個に及ぶ。二・五トンもある切り石を百メートルを越す高さに運びあげた方法は、今でも不明であるといわれるぐらい、当時の技術は、進歩していたといえよう。

クフ王のピラミッドは一説では二十年といわれるが、本当は三十五年を要しているときいている。

石灰石は、主として、地中海沿岸、それもヨーロッパ大陸側から船で運んだものもかなりあったようである。

それほど、当時の海洋技術も発達していたし、建築、土木、絵画、彫刻にしても、インカ文化とならんで進んでいた。

こうみてくると、人類の歴史は、古い、新しいだけでは律しきれないものがあるわけである。

いわんや、現代人の生活をみて、過去の人類は猿とか、アミーバーだったという進化論は、性急にすぎるといえよう。生命というものは過去世、現世、来世の三世にわたって、永久に不変なのである。

太陽の周囲を地球が円運動を画くのも、人間がこの世を終えればあの世の生活が待っているのも、ともに生命の流れ、運動というものがあるからである。停止は死を意味するが、死は生命体には与えられていない。宇宙が永遠の活動をやめないように、人間の生命エネルギーも止むことを知らないのである。これは動物、植物にしても同じこと。ただ人間とちがうことは、彼等は選択の自由、創造の自由が与えられていないだけに、人間ほど苦楽を感じない。それだけに進歩も遅くなろう。

8　天国と地獄

さて、人間の魂には三世がある。過去世、現世、そして来世。

現在、この地上に自分があるということは、その人には必ず過去世があったのである。

人間は偶然に両親から生まれたのではない。

過去世とは、私達が今生活している現象界からいうと、あの世であり、またかつて自分が地上で生活した前世のことである。私達は苦楽の人生を学習しているが、現世に生まれる前は、実在界すなわち天上界で生活していた。私たちは実在界と現象界を輪廻するのである。

前世において、暗い想念を持って地獄界へ行き、そこから魂の浄化をはかって天上界に進化した者もあろう。

地獄界に堕ちた者も、死ぬ前には、人生航路の目的を果たせなかったが、この地上界での生活があったのである。

心の調和された人は、慈愛の光に満たされているため、その人の心の調和度に比例して天上界に帰って行く。

過去の世において体験したいろいろな知識は、誰も記憶しているのだが、この現象界に出てしまうと、それが潜在してしまい、私達は、神の子という自覚を失ってしまう。

肉体舟の五官が絶対なり、と思いがちなのである。そのため、過去世のことを思い出すことがむずかしくなってしまうのだ。

体験してきた、過ぎしあの世とこの世が、過去世といわれている世界であるが、これは、転生輪廻していれば、当然のことではないだろうか。

テープレコーダーやビデオレコーダーのように、人間の魂、すなわち意識のなかには、厳然として、過去世の体験が記憶されているのである。

この現象界は、もっとも固体的な、不安定な世界で、そこに住む人々の霊囲気の状態によって変化する。悪は不調和な霊囲気を造り出すし、善は精妙な調和された霊囲気を造り出すことができるのである。

なぜかというと、この現象界は、神の子である万物の霊長人類が、調和された地球を完成するための目的で、神の意志によって肉体を持って出ているからである。

しかし、その人間が、己自身の使命や目的を忘れてしまうため、不調和な、そしり、怒り、妬み、恨み、欲望、闘争と破壊の渦を造り出してしまう、そのことを私達は悟らなくてはならないだろう。

この現象界に出た先祖達のなかには、地獄界に堕ちて修行をしている者も多い。

彼らは、地球上に残してきたものへの執着心が強い者達で、そのために地獄霊になったり、憑依霊として、同じような心を持っている地上の人間のなかに乗り込んで、現象界にも混乱した世相を造り出してしまうのである。

人間の心は、一念三千と仏教ではいっている。

心の針は、その人が何を思うかによって、暗い地獄界にも、光明に満ちた天上界にも自由に通じてしまうのである。

思うこと自体、中道を根本としなくてはならない、ということはこの理由にあろう。

それは一〇％の表面意識で、五官を通して判断するために、次元の異なった世界を知ることはなかなかむずかしいのである。

それゆえに、現象界は、物質と生命が不二一体の世界であるといえよう。

この物質的現象界は、熱、光、電磁力、重力のエネルギー粒子の集中された質量と、分散された空間から成り、エネルギーの塊りであるといえよう。

実在界、すなわち天上界においては、九〇％も表面に意識が出ているために、他人にも、自分の思っていることが解ってしまう。

それだけに、実在界においては、修行という目的を果たすことがむずかしいのである。肉体舟に乗ってしまうと、盲目同様な意識であるため、他人には心のなかを知られることが少ないし、自らの心の世界で正しく判断して行動をしなくてはならない。

従って、私達の魂の修行の場所としては、実在界に比較して、適しているといえよう。

次元の異なった世界からの通信を、その人の心の調和度によっては受信できるが、普通は非常に困難である。それはこの現象界という三次元の場から考えて明らかであろう。鏡やスクリーンに映っている人に、私達が通信することができないのと同じだ。それは二次元の世界だから、三次元の現象界から見ることができるのだ。

逆に、四次元の世界からこの現象界を見ることは簡単にできるが、現象界からの直接通信ということは、三次元の霊囲気が精妙にならない限り、不可能に近いといえるのである。

映画のスクリーンと対話することは、フィルムやトーキーに吹き込むこと以外はできないのである。

あの世とこの世とは、このように遠いところでもあり、近いところでもある。

つまり、それは意識の世界であるからだ（二七一頁の図を参照）。

しかし、修行ということを考えれば、この現象界には、私達の肉体舟の保存ができる環境の一切が提供されている。

これこそ、神の心、すなわち慈悲と愛の現われだといえよう。

私達は、この意味で、今の環境に感謝することが当然であるし、この感謝の心を、報恩という行為にすることが人間の道なのである。

つまり、人類のために奉仕することが大事ではなかろうか、ということだ。

生活ができたなら足ることを知って、あまった分は、人々のために報恩という行為で現わさなければならないということである。

魂の向上は、心の安らぎであり、客観的には、とらわれの少ない精神状態である。

心の安らぎは調和であり、調和度が増すに従って、この地上は、平和なユートピアとして精妙化されて行くといえよう。

あの世についてもう少し触れてみると、あの世、つまり来世とは、いずれ私達が肉体舟を乗り捨てて、光子体となって帰って行く世界である。

私達の、今の肉体舟は、両親の縁によって与えられた原子細胞の肉体である。

そして、この原子細胞の肉体舟を包むように光子体があり、その光子体に私達の意識すなわち魂があり、肉体舟を支配している（一一五頁の図を参照）。

つまり、原子体、光子体、霊子体（魂の中心である心）の三体が一つとなって構成されている、それが私達の生命体なのである。

原子体と光子体、霊子体は、霊子線ともいうべきもので結ばれている。

死は、原子体との訣別で、霊子線が切れてしまったときであり、霊子体は、光子体という舟に乗って次元の異なるあの世に帰ることになっている、といわれている。

光子体や霊子体は、私達の肉眼では見えないが、調和された心の人々の心眼によれば見ることができるのである。

こうした理由があるため、私達は、心の在り方をつかむことがなかなかできないし、反省することも大変むずかしい、ということになっているのだ。

天国での生活は、この世のそれにひきかえ喜びに満ちたものであり、反省の度合いが早い。それは、悪の不調和な想念に、自分の心を汚すことがないからである。

しかし、地獄に堕ちると、意識の波動が暗いし、想念は物を造り出す能力を持っているため、すぐに悪い不調和な想念がおのれにはね返ってくる。

そこは、なかなか反省する暇も与えられない世界で、自らの心が、神の光をさえぎっている。もしそこに堕ちたら何百年も同じ場所で苦しみ喘ぐことになろう。

地上での生活で、ある人が、自我我欲のままに人生を終えたとしよう。その人は、間違いなく地獄界に堕ちることだろう。

なぜなら、人間の心というものは、この世もあの世も、連続したつながりを持っているので、その人が地上での生活を自我我欲のままに終えれば、その意識を持ったままあの世で生活をする、ということになるからだ。

肉体舟に乗っているうちは、なかなか心の在り方が解らないが、肉体舟から離れると、意識の波動が敏感になるため、思うことがすぐ現象化されて行く。そのため、生きているときより、その反省はずっときびしくなるということだ。

それは、地球の曇りが太陽の光をさえぎるように、私達の心の在り方が不調和だと、曇りにおおわれて、苦しみを造り出すからといえよう。

しかしそれも、自らの想念と行為が苦しみを造っているのだから、中道によって反省し二度と同じ原因をつくらないことだ。その結果、苦しみの原因をとり去ることができる。そしてそのとき、私達の心の曇りは晴れ、光明に満たされて天上界に行くことができるということだ。

このように、心の調和度によって、光子量すなわち光の量が違ってくる。そしてこの量によって、段階が造られるということになる。

つまり人々の心の在り方が、そうした段階を造り出しているのである。

神が、慈愛の光を平等に与えていても、人々の心の状態によって、その光の状況が違ってくるからである。

神と表裏一体の諸霊は、心が調和され、足ることを悟り、一切の執着から離れて宇宙は自分だと悟っているために、光の量が多い。光明に満たされているということだ。

仏教でいうと、仏陀、あるいは如来、すなわち光の大指導霊達なのである。この大指導霊達は、あの世とこの世の人々を善導して、神の子としての道を教え示している天使なのである。

ゴーダマ・ブッタやイエス・キリスト、モーゼなどは、この光の大指導霊、すなわち如来である。神から一切を任されている天使といえよう。

光の段階を区分すると、幽界・霊界・神界・菩薩界・如来界・宇宙界というような、意識層になっている。

この実験は、私達が地獄に堕ちている霊達に私達の肉体を支配させると、非常に重くなり、肉体の欠陥が現われてくる、また光の段階が上になると、非常に軽くなって行くことによって解る。特に、心を調和して、大指導霊が支配すると、非常に身体が楽になって行く。

私達のグループの人々の実験結果が、皆同じ状態だから、はっきりと解るのである。

私達が心眼で見ると、心の調和されている人には、後光がはっきりと必ず見えるのである。

仏像やイエス・キリストの像などを見ると、必ず後光が出ている。

大指導霊達の光は、特別に大きいからすぐ解る（七〇頁の図を参照）。

ときには、動物霊が、菩薩や如来の姿に変化《へんげ》して現われることがあるが、それはほんの僅かの時間しか変化《へんげ》できないし、後光の色が曇っているから、その判断はすぐできるといえる。

同じような黄金色でも、安らぎのない青い光であるから、ごまかしがきかないのである。

また地獄界は、地上界に執着を持っている者達の世界のため、非常に地上に近い。

土地や、家、墓や寺などに執着心が強く、そのような心を持った霊達が、その場所を住家として、地獄界を展開しているが、この霊達を自縛霊《じばくれい》といっている。

地獄にも段階がある。必ず魔王やアシュラー・ラージャンが支配している。そして地獄界は、この地上界とは全く異なり、きびしい世界で、すべてが薄暗く、極寒の世界や、火炎に包まれた世界も存在している。

私は、禅定のまま、意識が肉体から抜け出して地獄界に行くことがたびたびある。

そこは、地上界では想像もつかないような陰惨な場所で、暗いため緑の色も黒ずみ、陽の当たらない、いつもジメジメしたところである。

私がそこに行って、その住人と話をしたときのことである。

住んでいる者達も、とてもまともに見ることはできない、鬼のような顔をし、口は裂けたといった残酷な形相をしている連中である。

この世界には慈悲も愛もなく、魔王の絶対的支配下におかれている。

私に対しては、ある者は、「お前の腕をよこせ」といい、またある者は、「尻の肉をよこせ」などとひどいことをいい、ものすごい形相で脅迫した。私は、さからわずに、「どうぞ、欲しいものは上げよう」と身を与えようとする。すると、彼らの顔は普通の人のそれに変わってしまう。

どんな魔王でも、慈悲と愛には反抗することはできないものなのだ。

私は、その場所で、約二時間近くも神理の話をしてきた。

帰りは、谷底の村落から上がるに

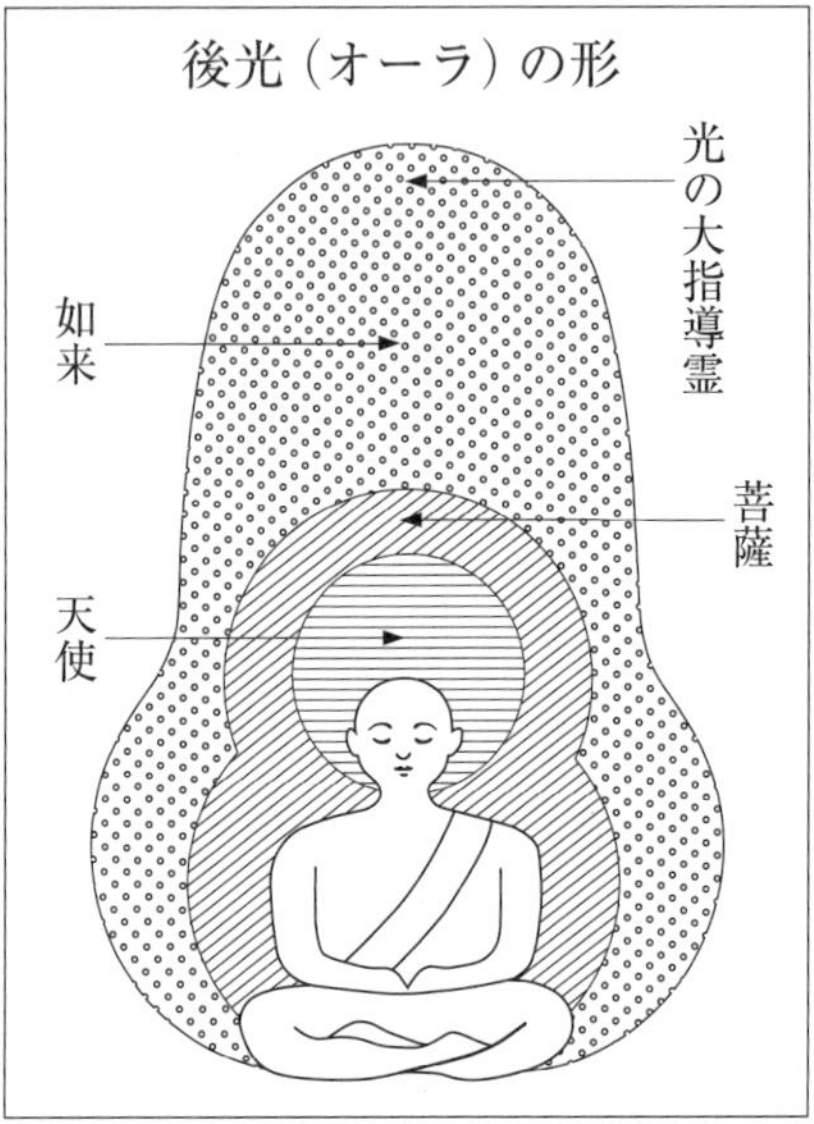

従って、段々と黒緑の色が薄くなり、天上界では、新芽のような美しい若葉が萠えて、話しかけてくるような、さわやかさ、あたたかさとなる。

9　光の天使・諸天善神

私達人類は、神の身体の一部分である地球という環境で、肉体舟に乗って生活をしている。そして、地球上の万物万生を支配して、大調和への道につかせる使命を、神より委ねられているのである。

光の大指導霊や天使達は、人間をはじめ万物万生に対して、慈悲と愛の塊りのような心を持って行動している。

肉体舟に乗っている人々が、大きな間違いを犯した生活を見ていたり、闘争と破壊の不調和な生活をしている姿を、涙を流して見ている。あたかもスクリーンに投影されている戦争のむごたらしい映画を見ているようにである。

心ある人々の霊囲気が調和されているときには、光によって包まれているため、光の天使達が霊感的に、また現象的に協力できるが、闘争をしている人々には、その人々に比例した不調和な霊囲気があるため、天使達は近づくことができない。

　ということは、人々の意識の次元が曇ってしまうため、どうすることもできないということなのだ。

　それも、すべては人間自らの心が造り出す現象であり、その心の王国の支配者は自分自身にほかならないからである。

　しかし、人間は、あらゆる体験をとおして、自ら造ったそうした不調和な混乱のなかから、悟って行かなくてはならないのである。

　要は、神の子としての、悟りに至る過程が、早いか遅いか、という問題になろう。遅いということは、大きな苦しみという荷物を背負って、喘ぎ喘ぎ人生を渡って行くということだ。

　このように、過去世と現世において自ら造り出した想念と行為の集約されたものが、現在の自分自身の本当の姿だというほかはないだろう。

　実在界の光の天使達は、常にこうした私達を、温かい心で見守っているということを、忘れてはならない。

この地上界に、警察とか軍隊とか、市民大衆を他の犯罪や暴力から守る職業があるように、実在界でもそうした仕事にたずさわっている天使達がいる。

また光の天使達のなかには、実在界と現象界の人々で、調和された丸い心を持つ人々に、不調和な地獄霊や動物霊達が、近よらないようにする役職を持つ天使達もいる。これを、諸天善神ともいっている。

仏教でいう弁財天とか大黒天とかいうと、何か金儲けの手助けのように思っている人々が多いが、これはとんでもない間違いである。

彼らは、金儲けの協力者などではないということを、知らなくてはならないだろう。

弁財天とは、心のなかに埋没している、転生輪廻の過程に造り出された私達の智慧の宝庫を開くための協力者であり、大黒天は、肉体を持った光の天使達が、正法を流布するときの協力者である。経済的な援助や環境を提出する諸天なのである。

それを、現代人の多くは偶像化してしまって、これに祈れば財産に恵まれると思っている人が多いが、残念なことに、全く金儲けには縁の遠い、諸天善神なのである。

また、稲荷大明神とか、竜神、竜王といった善神もいる。

彼らは、動物霊達に、神の子としての道を教える役職にある天使達なのである。

特に狐などは、霊的に強いものを持っているため、人々の心を不調和に導くことが多いので、盲目な人間はこれを稲荷大明神として祭ってしまっている。

狐は、稲荷大明神ではないのだということを、私達は知るべきであろう。

竜王達の役割は、あくまでも、万物の霊長である人間が、この地上界を去って心の豊かさを修行するため、動物達に正法を教えることだといえる。

そして、それは、もっともきびしい修行所であり学習であるともいえる。なぜなら、動物達は、感情の気性が強く、本能的で、指導はむずかしいからである。

竜王、稲荷大明神と呼ばれている諸天は仏教でいう菩薩、すなわち、上段階の光の指導霊になるための修行過程である。だが、失敗する機会の多い環境ともいえる。

諸天善神にとっても蛇や狐達を指導することは非常に、むずかしい修行であり、この現象界でいうと、約三百年近くも、きびしい環境で修行しなければならないのである。

世間では、竜神だの稲荷大明神だとかいわれると、狐や蛇、竜などをいっているが、それは誤りである。

彼ら動物霊達は、盲目同様の人間をからかったり、また彼らも人間になりたいと思っているため、いろいろな現象を出したりする。しかし、自我我欲にふけり、道を失ってしまうというのが非常に多いということだ。

さる日、私のところにきた中年の夫人が、

「先生、私の守護霊は、黒竜だとほかで聞きましたが、この守護霊におうかがいしたいのですが」

といった。私は即座に、

「あなたは、野外や公園にいる蛇などが好きですか」

と逆に聞いてみた。すると夫人は、

「恐ろしいし、気持が悪いので大嫌いです」

と答えた。

およそ、蛇や竜などが、私達人間の守護霊になるということは、絶対にないということを知るべきだろう。

ただ、竜や蛇達が、良く正法を得て、竜王達の仕事を手伝う、ということはある。

しかし彼らは、竜神でも竜王でもないということを知らなくてはならないだろう。

商売繁盛を目的に、よく狐などを祭ってある家庭や店舗があるが、欲望を満たすためだけの祭りをするというのは、非常に危険なことだといえよう。

なぜなら、狐や竜や蛇達は、人間の願いを聞くことがあるが、まずその家庭を混乱に陥れてしまうからである。

彼らを見ること、彼らと話すこと、彼らの言葉を聞くことができる者ならば良いが、何もわからない人が欲望のために彼らを利用すべきではない。

祈って商売繁盛しても、人間はすぐ彼らにお礼をすることも供物することも忘れてしまう。そんな具合だから、狐や蛇から必ず不満が出て、その家から病人が出たり、商売が左前になったりしてしまうのである。

太陽は、万生万物にどんなに熱や光を与えても、決して私達に何かの要求をするようなことはない。

神の心というものは、そんな動物霊達とは違うのである。動物霊達の多くは、慈愛がなく、欲望の塊りだからそんなことになるのだ。

私達は、気をつけなければならない。

このようなものを信じている人々や、指導者の人格を良く見ることが肝要である。

怒りや妬みやそしり、我欲、情欲などを持ち、言葉と行ないの違う人々が多いからである。

私達は、欲望を満たそうとして、かえって苦しみを受けるということを知らなくてはならないのだ。

この地上界にはあらゆる動物達がいる。

あの世にも、魂のよりよき向上をはかって修行をしている動物から、地獄界で本能のままに、きびしい環境のなかで生き続けている多くの動物達がいるのだ。

そして彼らのなかには、この地上界で欲望に眼のくらんだ人々の心のなかを乱している者も少なくない、ということを知るべきではなかろうか。

諸天善神といえども、不調和な心を持った人々の心のなかに居を構えている不調和な動物霊や地獄霊、さらに増上慢の魔王や阿修羅達を支配することはできないのである。

なぜなら、人間は自らの心の王国の支配者であり、自ら不調和な想念と行為を修正しない限り、慈愛の光明に包まれることがないからだ。

たとえ、諸天善神が、不調和な霊達を支配しても、心悪しき人々は、おのずから苦しい不調和な者達を呼び込んでしまうということだ。

諸天善神の支配は一時の清涼剤にしかすぎないのである。

すなわち根本的解決にはならないのだ。

不調和な地獄霊に支配されてしまうと、人は心定まることなく、常にイライラの連続であり、自分自身を失ってしまうのである。

肉体舟は、本来一人の船頭（意識・魂）が支配しているのだが、その人間の心が不調和だと、地獄霊に支配されて、船頭は二人にも三人にもなってしまうのである。

地獄霊達が、耳もとでささやいたり、心のなかで話しかけるために、自分であって自分ではないというような状態になってしまう。つまり精神分裂症のようになってしまうということである。

躁鬱といった、中道の心を失った両極端な心の状態になり、自らの人格を失ってしまうものなのである（二二六頁の図を参照）。

躁病の場合は、開放的になって、完全に地獄霊に支配されて、自分を失っている。もはや霊囲気は乱れて、不眠の状態が続き、幻覚をおこしたり、支離滅裂の言動をとるようになっていく。

日頃の鬱憤を晴らすように、心のなかにあるものを見境いなく語ってしまう。このような人々の日常は、鬱々とした生活で、心のなかに恨みや妬み、そしりの心が強い。

表面はおとなしいように見えても、虚栄心と自尊心は人並以上に強い者達なのである。そして、また、自分自身を失っており、感情の起伏がはなはだ極端になり、心の安定を欠いているのである。

鬱病の場合も、本人を支配している地獄霊の性格がそうさせる。

これは、過保護の教育、放任教育と、両親の心の不調和が原因となっている。

親子の対話が、ほとんどない環境に、このような心の者達が育てられて行くということだ。

暗い想念におおわれて、すでに神の光を受けることができない、自らの心を地獄霊に売ってしまった者達なのである。

これを正しくするのには、勇気と努力によって、自らの性格を中道にもどす以外にはないということだ（二二六頁の図参照）。

暗い想念におおわれた人々を、諸天善神は守ることができないのである。

それは、この地球上が修行場であるとともに、人間には個の生命としての尊厳があるからだ。

家庭生活をする人間が、心の価値を知って、互いの信頼と慈愛の行為によって、明るく生きることが大切だといえよう。

そして、憑依している地獄霊達に、これ以上、神の子として犯してはならない、重ねてはならない罪を教え、離れてもらう以外にはないのである。

常時、憑依しているのではないから、地獄霊達に、心の持ち方を教えることが大事なのである。

正しい中道の生活が、日常のなかに行為となって現われたとき、自分自身をとりもどせるということである。

不調和な信仰などに深入りすると、ますます彼ら地獄霊の、無慈悲な行為が現われてくるといえよう。これこそ、

「さわらぬ神に祟《たた》りなし」

という、ことわざのとおりなのである。

自らの心が丸く、大きく、慈愛に富んだ人々は、絶対にこのような精神的な病気にはならないだろう。

この場合は、心のなかに生じる魔を、諸天善神が守ってくれるからである。

また、この地上界に肉体を持っている光の天使達は、変わることない神の心である道、すなわち正法の種を人々の心のなかに蒔き、正法の花を咲かせ、大調和への道に光明を与えるであろう。

しかし、インドのゴーダマ・ブッタや、イエス・キリスト、モーゼも、悟りの境地に到達するまでの過程は、並々ならないものがあったであろう。

光の大指導霊達が現われてくるというときは、すでに正法の力のない、末法の混乱期

である。

人々は心を失い、人間として生まれてきた目的や使命を忘れ去っているときだ。

自らの心を物質文明の奴隷としてしまい、不調和な宗教が乱立し、心を魔王や動物霊に売り渡している人々が多くなってしまっているときである。

闘争や破壊が日常茶飯事のようになっている変わり果てた世相を、末法の世というのである。

世界の国々に、災害や天変地異が次々と起こる。

家庭は乱れ、親と子の心は断絶する。教育者は中道の教育を忘れて、思想的に片よった教育をする。政治家は私利私欲、党利党略に走り、思想の、というより自己主張の乱立、巷での事故死……など、列挙すれば限りない不調和な世相なのである。

これを救うには……政治家も法律家も、教育者も文化人も宗教家も、すべてが両極端を捨てて、中道的な判断を基本とするしかないといえる。

他人をかえりみないで、自分さえよければいい、というものの考え方をする者は、利己主義者で、自ら調和への道を閉ざして孤独な人生を送ることになろう。

それは、人間の道ではないということを知らなくてはならないのだ。

慈愛を他に与える心を忘れてはならない。

慈愛の表現にもいろいろとあるが、報いを求めないで、社会人類の幸福に結びつく行為をすることが、本当の布施の心ということになる。

労働奉仕、経済的奉仕、精神的奉仕の行動が、より良い社会を築き上げて行く。それが各人の自発的な行為にある場合はなおさらだ。

その行為は、強制でもなく、義務でもなく、人間として当然の道だからだ。

失われた心をとりもどすため、肉体を持ってこの世に出る光の大指導霊達も、一般の人間と変わることなく、両親を選んでもっとも悟りやすい環境に生まれてくるのである。

イエスもモーゼも、ゴーダマ・シッタルダーも、大指導霊としての使命を持っている人々で、アガシャー系グループの光の大指導霊だといえよう。

ゴーダマ・ブッタは慈悲の心を四十五年間も当時のインドの衆生に説いた。そして仏国土を築く目的を持って、人生の目的と使命を説いたはずだ。

当時の、バラモン教の化石化したヴェーダや、ウパニシャード、それらの埃と塵をはらい除き、正しい法の光によって、多くの衆生の心に人生の生きる喜びを説いたのである。

イエス・キリストも、自ら悟れる環境を定め、イスラエルに肉体を持って出てきた。

そして、ローマの支配下にあって苦しんでいる大衆、化石化されたユダヤ教、人々の知や意の埃にまみれたモーゼの正しい法の在り方を、愛という表現をもって救って行ったのだ。

自らの肉体は、悪魔達によって亡ぼされたが、復活の現象によって弟子達の結束をはかり、正法の土台を築いたのである。

このように、地上界に、神の福音を告げるため現われた光の大指導霊は、自ら人生の疑問にぶつかり、これでよいのだろうかと、その解明を自らなし、実在界の光の天使達の協力を得て、悟りの境地に到達して行くのである。

その神理は、不変のもので、誰も否定できない心の教えである。

しかしその正法も、歴史の経過に従って、その弟子達や学者達によって、学問的にむずかしくされ、個人の見解で変えられてしまい化石化されてしまったということである。

またその歴史のなかにおける権力者や指導者達が、大衆を支配するための方便として宗教を利用する、そのような間に正法が歪められてきたということもある。

そうした、化石化された〝法〟の修正のため、使命を持って指導霊達が生まれてくるのだが、旧来の狂信者や盲信者達に迫害されたり、学者や権力者達によって阻害され、目的を果たすことができない場合も多い。

また、いろいろな光の天使達もやはり肉体を持って生まれてくるが、やはり旧来の宗教的環境のなかで、正道に戻すことができないまま、実在界に帰ってしまう例も多いのである。

自ら神様になって、拝ませて、衆生の心はおろか自分まで執着の塊りとなってしまい、地獄界に堕ちてしまった者も少なくないということだ。

末法の世になればなるほど、混乱した不調和な宗教が人々の心を狂わせ、教祖と称するやからが造り出した紙きれを拝ませてしまう。

最近では、お札の代わりにペンダントまで飛び出し、神の代名詞として高く信者に売りつけているといった例がある。

教祖とかとり巻きとかいった連中は、大神殿であるはずの地球上に、屋上屋を重ね、浄財と称した不浄の金を集めて優雅な芸術的な建物を造り、祈る対象物を造り出して盲信者、狂信者達を迷わしている。

また何人を折伏すれば救われるとか、何人を導けば病気が治るとかいって、脅迫している。そして、大神殿、大仏殿と称する建物を次々と建設して行くのである。

欲望に尽きるところを知らない、盲信者、狂信者達こそ救われないであろう。

一心に題目を唱えれば救われる、といって朝晩の勤行をさせるとは、宗教も地に堕ちたものである。

「貧乏しているのは、前世の因縁によるものだ。この宗教に帰依して神様を祈ればその業は消える」

と信仰の押し売りをする。

しかし、貧乏しているからといっても、心まで貧しくならなければ、人間は本来豊かなのだ。

生まれたきたときは、金を持っていないし、みな裸であったはずである。曼陀羅を首からぶら下げて、生まれてきたわけでもない。

しかし皆、人間として生活をしている。

太陽の熱と光、大自然の恵みの一切が、神の大慈悲の現われであり、それがまた心というものの姿ではないか。

人間も、そのような誤った指導者達から、だまされる時代はすぎたということを、悟らなくてはならない。

私達は、神の子なのである。一切の苦しみは、私達自身の心の在り方と行ないで修正する以外、なくならないのだ、ということを自覚しなくてはならないであろう。

それを悟ったとき、人間は救われて行くといえよう。

正法は、人間の智恵によっては造り出すことのできない、不変の神理なのである。

楽をして救われる道を選ぶのではなく、勇気と智慧と努力によって、自らの欠点を修正して苦しみの原因を除いたとき、神からの調和された光明によって救われて行くということだ。

道はただひとつ、神の心に近づき、日常生活のなかで安らぎの心を自ら造り出すことが大事ではなかろうか。

神は、罰など与えはしない。

罰は、自らの心の在り方と行為の在り方が、中道の正法を踏みはずしたときから心に曇りを造り出し、それが神の光をさえぎったときに、現象化されてくるのである。

つまり、罰は、自分が造り出しているということだ。

それを受けないためには、苦しみの原因を造らないようにすればよいのではないだろうか。

仏教でも、キリスト教でも、本来の教えは、人間の在り方を説いているといえよう。

そして、自らの転生輪廻をとおして、私達の心のなかには、一切の人生に対する偉大な指導書が記憶されている、ということを知らなくてはならない。

その体験された指導書をひもとくことが大事であろう。

正法は、この方法も教えているのである。イエスもゴーダマ・ブッタも、同じなのである。

哲学化された仏典だけが正法ではなく、仏典の正しい意味を理解して行なうことが、より重要だからである。

この世に肉体を持っている光の大指導霊達も、このような不変の神理を説くであろう。

人々は、それがまさしく原始仏教とか、原始キリスト教と全く同じものであることに、気がつくだろう。

しかし、原始仏教であろうと、原始キリスト教であろうと、それが神理であるならば、現代でも通用するのが当然でもある。

インドのガンガーの河の流れが、昔も今も変わらないように、神理は不変なのである。変わってしまったのは、人間の心ではないだろうか。

正法は、その時代の様相に合わせて説かれて行くが、根本は全く変わってはいないのである。

第二章　心の原点　その二

１　神意の縁

この現象界は、物質的な縁によって、あらゆる現象が起こる修行場である。しかも物質は、外力という縁によって、仕事をなし得る能力に変化し、いっときたりとも今という時間を保存することができない。現象界はそういう世界である。

その仕事をなし得る能力を、私達はエネルギーといっている。

生物は、意識と同居している。

意識のエネルギーの世界は物質のエネルギーの次元より精妙な次元であり、これを意識界ともいい、一切の万物万生を造り出す能力を支配している世界である。

すなわち、その世界を実在界ともいう（二七一頁の図参照）。

私達は、この非物質的な実在界で、両親となるべき肉体舟の提供者との縁が約束され、この地上界で、その約束、目的が果たされる。つまり、この地上界、現象界に生まれていることも、環境や両親を選ぶことも、一切自分でなしたということである。

この現象界に適応した肉体舟に乗って、地上に出てくる。それは苦楽の、人生航路における修行が目的なのだ。

盲目で、手さぐりの人生――この人生で、より豊かな心を造るとともに、新しい学習をすることが、目的の一つなのである。

同時に、人類の大調和によるユートピア建設、それが万物の霊長である人間に課せられた使命でもあるのだ。

その私達の肉体舟の船頭は、永遠に変わらない意識であり、魂である。意識の中心が〝心〟で、この心が実在の世界に通じている。

人間は、実在界、つまり天上界から生まれてくるときは、誰も皆、丸く広い豊かな心を持っていた。

神の子として、善なる者達だったのだ。

それが、生まれた環境や習慣や、教育や思想、また友人の影響など、五官にふれる一切のものによって、性格が変わってしまう。

私達の意識は、生まれてきたときは、一〇〇%潜在されている。それが、成長するに従って表面に出てくる。

そして心のなかには〝本能〟が芽生え、五官をとおして〝想念〟につたわり、〝智性〟が発達して〝感情〟の表現となるのである。

これによって、自らの〝意思〟が、はっきりと表示でき、自己の立場を表現できるようになって行く。

しかし、表面意識が飽和状態になっても、一〇%くらいしか外へ出ないため、盲目的な人生であるのだ。

その人間を、実在界に住んでいる守護霊や指導霊達が、常に温かい心で見守っている。

そして、常に執着する心から離れ、丸い心で、苦しみの種を蒔かずに、中道を心の物差しとして生活している人々には、このような守護霊や指導霊が、直接、霊感的な現象によって指導し、平和な生活を送ることができるように教えてくれるのである。

反対に、自分のことしか考えず、欲望のままに、品性もなく感情むき出しに生きている人々は、暗い想念におおわれ、地獄霊によって支配されるから、常に心の安らぎがない。

不平不満の人生を送り、豊かさや円《まど》やかさを失って、心に大きな歪みを造ってしまうのだ。

それでも私達の心は、自分に対して嘘をつくことができない。それが神の子としての〝証《あかし》し〟であり、現証なのである。

実在界や地獄界、すなわちあの世の霊囲気は、波動がこまかく、しかも調和されて行くに従って精妙になって行く。

これに比し、現象界の波動は、固体的で不安定で、弱い。そのため、現象界においては、原因と結果の輪廻が遅く、正しい判断がむずかしくなるのである。

内在されている九〇％の意識は、転生輪廻の一切を記憶しているが、なかなか思い出すことができないのだ。

不調和な想念の厚い曇りにおおわれて、通信がさえぎられているからである。

この現象界は、善と悪が混合して存在しているため、区別することがむずかしい。それを区別することができるのは、正法を学び、生活に生かす以外にないといえよう。

あの世では、善と悪が霊囲気によってはっきりと段階が定まってしまう。それは、心の広さがすべてを定めてしまうからだ。

コップのなかに、灰汁を少量入れて、水を注いでみよう。時間が経つに従って、澄んだ水が上になり、濁っている水はコップの底に沈澱するだろう。

このように、あの世の仕組みも、その人の心と行ないが、正法にかなった生活をしたかどうかで、光の量が異なって段階が定まってしまうのである。人間の知恵によって、その位置が定まるのではないのだ。また、神の意思によって定まるものでもない。

あくまでも肉体舟の船頭である心の王国の支配者、すなわち自分自身の心が決定するのである。

地獄行きも極楽行きも、自らの善なる心が、人生の一切を裁いたということだ。

肉体舟の支配者こそ、不変の己の魂なのである。

死はすべての終わりではなく、両親から与えられた肉体舟との別離にしかすぎない。

肉体舟は、この地上界に住む以外に必要はないし、あの世に持って帰れるものではないのだ。

心の窓が開かれれば、きびしい現象界であっても、生きている喜びは無限にある。なぜならそれは、魂の兄弟達や、守護・指導霊が、常に私達の修行に力ぞえを惜しまないことがわかるからである。

2　光子体と肉体の関係

私達の多くは、この現象界、地球上に生まれてしまうと、肉体先祖からつたわってきた、習慣や両親の教育、社会の思想、先輩や友人、兄弟の影響を受けて、自らの個性とともに人格を形成して行く。

それには、五官が常に作用しているということを見逃せない。

五官は、肉体舟の付属品で、人生航路におけるあらゆる障害物を、正しく判断するために与えられたものであるが、ひとりよがりの判断をしがちである。

そのため、自ら苦しみや悲しみの原因を造ってしまう。

あるいは、恨み、妬み、そしり、怒り、闘争、破壊の行為によって、自らを人生航路の泥沼のなかに没して行く。

自己保存、自我我欲、自分さえよければよい、という偏った生活が、混乱した社会を造り出しているといえよう。

その原因は、五官をとおして心に作用する諸現象に対して、正しく判断する〝正しい〟という基準の決定ができなくなってしまったからである（二二六頁の図を参照）。

この原因は、眼耳鼻舌身の五官だけを頼りとして生活していたため、肉体舟の船頭である意識、すなわち魂の存在を忘れてしまい、肉体舟こそ本当の自分だと思ってしまったためである。そして、意識の中心である心の尊厳性をかえりみないで、人生航路における物質文明社会での地位や名誉に対する欲望、金に対する執着心、情欲への盲目的な思いなど、すべてに足ることを忘れ去った不調和な心にあるのだ。

想念の曇りが、神の光をさえぎり、苦しみの種を蒔き散らしているのだといえよう。

この現象界に生まれてきた目的や使命を忘れ、欲望のとりこになってしまったのだ。前世において約束をしてきたことなど、思い出す余裕すら失ってしまったのである。

欲望のままに生き、自分に不都合なら他人を蹴落としても自分を守る。そして遂には心を魔王に売り、神の意思にそむいた苦しみの一生を送ってしまうのである。

このような一生は、正しい生き方とはいいがたい。

五官というものは、客観的にとらえた感覚であって、五官から大脳に通信され、その電気的振動が肉体舟の船頭である意識に通信され、心に作用して行くものだ（三四〇頁の図を参照）。心の内部には、本能の領域、感情の領域、智性の領域、理性の領域があり、意志の作用によって、行動になったり、心のなかの想念が作用するのである（二一八頁の図を参照）。

このように、心も含めて、私達の魂こそ、永遠に変わることのない自分自身だといえよう。

「魂や意識などは存在しない。人間はすべて頭脳が思ったり考えたりするので、一切の諸現象の根はそこにあるのだ。死んでしまえば何もないのだ。すべて終わりなのだ」

という人も多いだろう。このような考え方の人達に、私は質問をしたい。

「では眠っているとき、鼻の穴も耳の穴もあいているのに、なぜ枕もとでの他人の話し声や匂いなどを感知したり、記憶することがないのだろうか」

脳細胞が記憶しているとしたならば、当然眠っているときでもすべて記憶してよいはずだ。しかし実は全く覚えていない。

人によって、感度の差はあるだろう。しかし記憶にないという事実は、万人が否定できないだろう。

また神経痛やリューマチなど、起きているときには痛みで苦しんでいるが、眠ってしまえば痛みがないではないか。

このように、私達の生活のなかで、起きているときと眠っているときの状態を考えると、現代医学も、科学も、まだ正しい解答ができていないというほかはない。

「悲しいときや嬉しいとき、感激したときなど、涙の出る前から胸にこみ上げてくるものは何の働きだろうか」

それは、心のなかの感情の領域がふくらんだときの現象が、肉体的に現われているということだ。

魂と肉体は、このようにはっきりと区分されているが、また何らかの糸で結ばれている、ということも否定できないであろう（一一五頁の図を参照）。

仏教では、これを色心不二と説いている。

何らかの糸、その糸を、私の指導霊は、

「あえて名前をつければ、霊子線ともいえよう」

と説明をする。

「この霊子線は、次元を超えて、どこにでも通じるのだ。肉体と魂を結んでいるもので、諸君らが母親の胎内で〝へその緒〟で結ばれて母親から栄養を吸いとっているようなものだ。死は霊子線が切れたときに、この世の原子体と訣別して、新しい四次元以降の肉体ともいうべき光子体で、実在の世界に帰ってくる状態なのだ」

生と死の接点についても、そう、教えてくれるのであった。

人間は、肉体舟に乗ってしまうと皆盲目になりがちだし、善と悪が同居している現象界だけに、修行はむずかしい。

しかし、この心の在り方を良く知って、転生輪廻の過程で造り出した不調和な個性や特徴、つまり〝業《カルマ》〟というものを正しくし、調和のある心にしなければならない。

人生体験をとおして、いつの間にか心と行ないのなかに出てくる〝業〟を、修正しなければならないのである。

３　罰は自らの心がつくる

人生航路における、肉体舟の付属品である眼耳鼻舌身意という六根が迷いを造り出す。苦しみの根を断つには、中道を悟った、肉体舟の船頭である魂・意識の中心、正しい偏らない〝心〟に問うことが大切である。

それには、諸現象を、かたよりなく、正しく判断するため、私達は善意の第三者的立場に立って、自らを反省してみることが必要だ。

私達が、不調和な想念の曇りをとり除くためには、反省して、その原因を究明して、同じ誤りをおかさない生活をすることが大事なのである。

盲目的な人生修行をしている私達に対して、反省はむしろ、神が与えた大きな慈悲なのである。

瞑想的な反省は、自らの曇りをとり除き、その想念が神の光によっておおわれるため、霊囲気は精妙になり、安らぎの境地にいたるものだ。

人間は、それぞれの生活の過程において、人生の無情さや哀れさ、悲しさに直面し、日常生活で反省する機会を仕組まれている。

親しい人との死別、社会の矛盾、病気、どうにもならない運命のいたずら、生きているためのむなしい努力など、人間は、あらゆる苦しみをとおして、反省の機会を求められる。それは、苦しみの原因をとり除くことが重要だからだ。

広い、豊かな丸い心を造り上げ、神の子である自覚が芽生えたとき、実在界の天使達は、私達に喜びを与えてくれるのである。

人間は、何のために生まれ、何のために苦楽を体験し、何で死んで行くのか、そして、死後の世界は、と誰でも疑問を持っているだろう。

その疑問から、人生を正しく生きようと、過去の誤まった考え方や生活の在り方を心のなかで反省し始める。そのとき、私達に潜在されている意識の扉は開かれ、私達は過去の世で学んだ何割かの体験を思い出すのである。

そして、中道の、偏りのない正しい心の判断にもとづいた生活の日々の努力がなされたとき、自らのなかからひとりよがりの心は消え、人類は皆兄弟だと悟り、偉大な慈愛の力に、私達の霊囲気は高まっていく。

自ら、中道を踏みはずしてきた欠点の修正を、勇気をもってしたとき、心は浄化され、さらに光明に満たされて行くのである。

心の浄化が進むにつれて、守護霊や指導霊や魂の兄弟達は、私達の新しい魂の進化への努力に対し、互いに協力して霊感を与えたり、直接語りかけて、人生の指針を正しく教えてくれる。

指導霊は、新しい人生の学習に対して教え導き、その心に、自ら悟り得る光明の道を開いてくれ、より良い方向に正すための協力を惜しまないのである。

逆に、自己保存や自我我欲、増上慢などが、その心に芽生えると、暗い霊囲気に自らの心がおおわれてしまうため、指導霊や守護霊達の協力が得られなくなる。

それどころか、地獄霊や動物霊、果ては魔王に、その心を犯されてしまうことになる。

私達の心の動きは、そのように、善悪いずれにも変わりやすいのである。

正しい心の土台となる法則をしっかりと知らなくてはならないのはそのためだ。

末法の世ともなると、人間は、判断する心の物差しを失いやすい。自ら混乱して、不調和な社会を造り出して行く。

そうした不調和な種は、結局自ら刈りとらなくてはならないものだ。この世で刈りとらなければ、きびしい地獄界でその不調和な心の修正を果たさなくてはならない。

地獄界に行く決定も、自分に嘘のつけない善なる神の心が、自らの人生航路での心の在り方と行為を裁くのだ。つまり、自らを自らが裁くということで、それは公正無比な判断となっているのである。

この現象界における裁判は、人間が人間のつくり出した法律によって他人を裁いている。裁判官の考え方や、思想的な背景、個人的感情もその判決には出てくるだろう。

しかし本来、人間が人間を裁くことはできないのである。

なぜなら、被告の身柄拘束という、肉体的な行動は制限できても、心の束縛はできないからだ。

心は、自らの想念によって、自由自在に変えられるだろう。

しかし、中道というルールを踏みはずした心は、自ら苦しみを造ってしまうものだ。特定な宗教家達は、罰が当たるといって、信者の心に足枷《あしかせ》をはめ、組織の細胞に仕立てている。

神仏は、絶対に罰など与えはしない。

罰は、自らの心と行ないが造り出している、ということを忘れてはならないだろう。間違った教義を、欲深き人々に押しつけて悪用している指導者は、自らの心のなかに大きな疑問を持っているはずだ。

疑問を持てば罰が当たる、と思い、ますます自分の心の領域を小さくし、豊かな心を失ってしまう。

題目や経文をあげれば救われる、などと脳細胞を狂わしても、心の安らぎなど得られはしないのだ。

自らの心の尊厳性を悟ったときは、迷っていたそんな自分を哀れに思うだろう。

生まれてくるときまでは、天上界で、ちょうど映画のスクリーンに映っているフィルムを見るように、この地上界のきびしい生活を十分に知っていたはずなのに、成長するに従って迷妄の人生を送り、自ら苦しみを造り出してしまう人々が多い。丸い豊かな心に歪みを造り、傷だらけの人生を送ってしまう人々が多いのである。

それゆえに、三歩進んだら一歩下がって、自分の心と行ないを反省し、苦しみの種を蒔かないことが大切であろう。

反省とは、内在された偉大な智慧の泉を掘り起こすということになるだろう。

私達の心のなかには、次元を超えた実在の世界から、その人の求める質と量に比例した、あらゆる智慧を貸してくれる指導霊達の存在がある。

反省は、自分を改めて見なおす、意識の転換作用といえよう。

自分を改めて見なおすということは、自分を客観的に見ることであり、そこには、自我の存在があってはならない。

客観的に見ると、自分の欠点や長所がはっきりと出てくるだろう。その欠点を改めることが、もっとも大切なことなのである。

そして、その根をとり去ることだ。

自分を客観的にみつめているときは、私達の守護、指導霊も同時に見ているということを悟らなくてはならない。

私達の心のなかには、真実と偽りとが同居しているが、反省によって、偽りの暗い曇りを消し去る、そのことが反省の大きなメリットであろう。

欠点の根が除外されるに従って、私達は、悟りへの一歩を印《しる》したことになるのである。

そして悟りの段階が進むに従って、観自在の力が、私達の心のなかに湧き出てくる。

自由な心を得て、執着から離れ、生死を超えた大悟を得ることができるようになるのである。

人間は、決して孤独ではない。

心の世界、実在界には、私達の魂の兄弟達や友人達がいて、常に、現象界で修行している私達を見守っていてくれる。そのことを忘れてはならないだろう。

肉体舟の五官煩悩も、このような境地になれば、やがて消滅し、自ら悟りの菩提になることができるのである。

4　経済の奴隷から脱せよ

調和とは、神の心であり、慈悲と愛の現われの姿である。

大自然は、そうした大調和の姿を示している。

もし、太陽が西から昇り、昼夜が逆になったらどうであろうか。

もし、太陽の熱エネルギーが、強くなったらどうなるであろうか。

南極北極の氷はとけて、陸地は水びたしになるだろう。想像もできないような、天変地異に見舞われることであろう。

そしてもし、太陽がなくなったら？

想像するだけで、心寒くなる破滅の事態が生じるのである。

また地球が運動を停止すれば、どうなるか。宇宙空間のどこかに飛んで行ってしまうだろう。

地上の生活は一日として保てなくなり、この世の終わりである。

人間を始めとして、この地上界の一切の生物は、そうした大宇宙の狂いのない大調和によって、存在することができているのである。

それなのに、人間は、雨が降りすぎると怒り、風が吹いたといっては天を恨み、ひでりだといっては天に縋《すが》る。

台風も、地上の汚物を洗い流し、空気を美しくする自然の恵みなのである。

私達は、そうした大宇宙の摂理に対し、与えられた環境に対し、感謝しなくてはならないだろう。

何一つ、人間にできることはないのだし、台風や雨や風も、大宇宙の調和だと思えば、怒りや恨みや呪いの心は出ないはずである。

太陽の光や熱、地球上の水の輪廻、大地の転生、それらのすべてが動物や植物を育て、明日の生命、明日の生活を約束してくれているものと知れば、大自然のこのはからいに対して不満の出る余地はないのだ。

人はまず、天に感謝し、他の環境についても感謝の心を持つべきである。

今、自分はここにいる、というたしかな存在感。

この現象界に生きているということは、誰の責任でもなく、自分自身が求めてきたその結果として、在るのである。

これも、大自然の恵み、神の慈愛の現われであろう。

私達は、そうしたものへの感謝の心を、報恩の形として、調和のとれた行為に現わさなければならないのである。

感謝は、行為によって、その恩にむくいることによって輪廻しているものだ。

この意味から、私達はこの肉体を提供してくれた先祖に対してはもちろんのこと、両親に対してまず感謝報恩しなければならないし、それは当然のことといえるのである。

この世に人類が生存する限り、肉体先祖への報恩供養、両親に対する孝養は、当然の人倫の道であり、いかなる時代がこようとも、これは変わってはならないのである。

また、この世に出て、私達が肉体を維持できるのは、万物、つまり動物、植物、鉱物のエネルギーのお蔭であり、これについても感謝することを忘れてはならないのだ。

一粒の麦も米も、私達のために、その生命を捧げてくれているのである。

だからそれらを決して無駄にしない、それが感謝の心であり、そのような気持で血や肉や骨になって戴くことが大切だし、それが報恩の行為といえることであろう。

反対に、贅沢ばかりして、年中不満の心で食するときは、彼らもまたその人を嫌い、必然的に肉体的不調和の原因となってしまうだろう。

感謝の心は、このように、むくいる行為によって、循環の法則に従っているのである。

万生万物は、すべてこのように、相互関係があって成立し、私達の肉体舟の保存もできているのである。私達は、このことをよく知らなくてはいけないし、従って大自然を汚さないように、一人一人の人間が、深く注意をしなくてはならないということだ。

ところが、今は、心を失って、利益追求のみに走り、その物質文明は、公害という歪みを生み出して大自然の環境を破壊している。

緑の大自然があってこそ、動物の生存があり得るのだということを、すでに人類は真剣に考えさせられ始めている。

大自然は、人工的に、過度の手を加えない限り、調和された環境を保つものなのだ。

硫化物、窒素化合物、炭酸ガス、その他の公害廃棄物が、人体にも大きな影響を与え、毒物、薬物が人間の機能障害をすでに起こしつつある。

私達は、今こそ、大自然の環境を大切にしなくてはならない。滅亡の危機に襲われてからでは遅いのである。

人間、永遠に変わらない神の子である自覚を持って、自らの心を単なる物質文明、経済の奴隷から解放しなくてはならない。足ることを忘れ去った消費は苦しみへの道をたどるだろう。

5　煩悩捨てるべし

すでに述べてきたように、私達の肉体と精神というものは、通常不二一体である。肉体は、両親から与えられた原子肉体とあの世から持ちこんだ光子体ともいうべき、意識とが表裏一体となっているもので、死はその両者の完全分離である。

光子体と肉体舟の船頭である意識・魂が、次元の異なる世界に帰ってしまう現象である。とり残された肉体は、この地上界の土や空気にもどって行く。

しかし、この二つはやはり別物ではない。私達の肉体舟が病気やけがなどをして、痛みがあれば、やはり船頭である魂の中心である心も悩むだろう。

肉体と同体になっている光子体に相互感応が起こり、痛みを感じるからである。

戦傷や交通事故などで、腕や足の神経組織がこわれ、細胞組織が寸断された人々がよくいるが、そうなると、外傷に痛みはない。ただ手足はやがて腐って役に立たなくなってしまう。


　切断し、義足や義手をはめていても、肉体と同体になっている眼にみえぬ光子体の部分が、むずがゆいことがあるという。

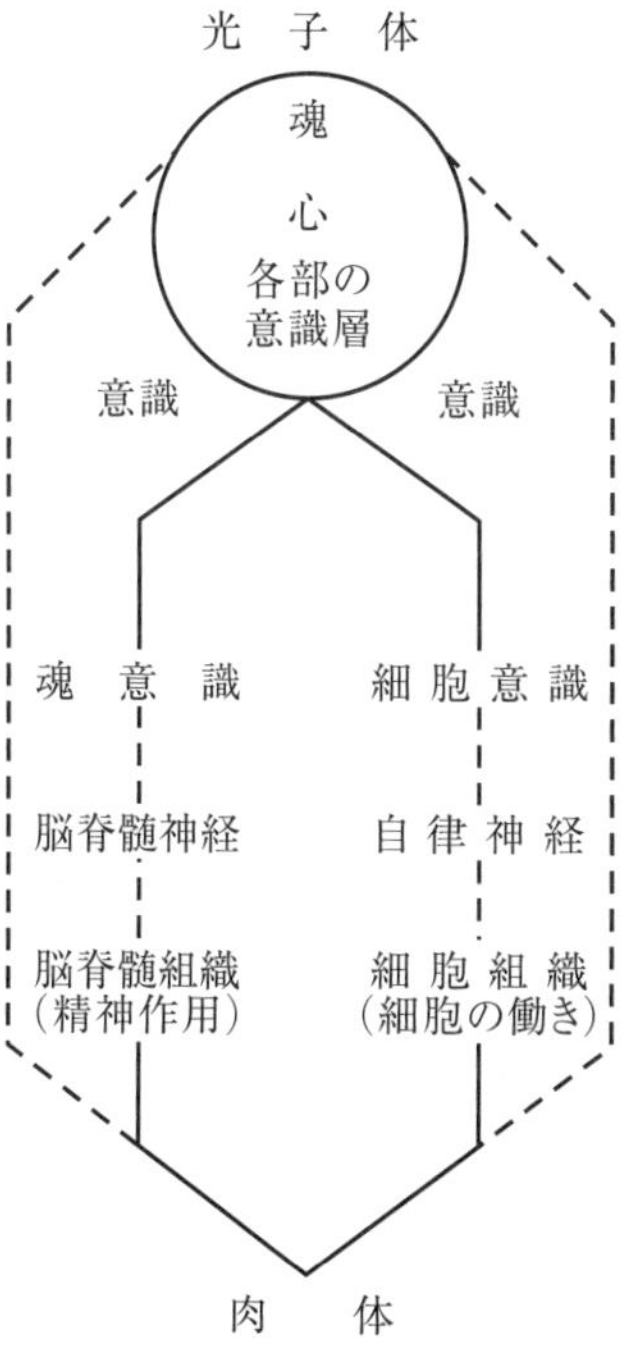

注　点線の部分が光子体と肉体の接点

つまり、現世の肉体はなくなっても、光子体の足なり腕なりは、切断されることはないということである。

私達の肉体は、このように、光子体というもう一つのボディを持った意識であって、それによって肉体を動かしているのである。

肉体と光子体の関係について、もう少し突っ込んだ考えをしてみよう。

私達の身体の機能は、何によって行なわれているかといえば、医学的には、植物性神経と動物性神経の二つによるといわれている。

前者を自律神経といって、人の意志に関係なく日夜活動している神経を指す。胃腸、肝臓、心臓の働きは、皆この自律神経の働きによっている。

一方、動物性神経といわれるのは、脳脊髄神経だ。これは、運動、感覚作用などの働きをしている。

恐ろしいものを見て足がすくんだり、美しい花を見て心がなごむのは、この神経の働きによるといわれている。

そしてこの二つの神経組織は、全然別の活動をしているように見えるが、実は、気持がイライラしたり心配ごとがあったりすると、胃腸の活動が弱まったり、逆に大いに笑うと、腹が空いたりするといったように、関連がある。

植物性神経は、動物性神経の傘下にあるということである。

たとえば、恐ろしいものを見て、気絶をしたり、ときには死にいたるといったこともあろう。これは、動物性神経とともに、植物性神経も、同時に活動を停止することを意味している。

また、病気は文字どおり、気の病いといえるだろう。

肉体自体の過労によって、自律神経の活動が弱まり、内臓が悪くなることもあるし、暴飲暴食による胃潰瘍、運動不足、太りすぎによる心臓病、過激な運動による肺結核などもある。

こうした肉体自体の病気もあるが、やはり本人の心がけ次第ではないだろうか。

病気の原因を辿って行くと、やはり、気の使い方に帰着してくるものだ。

自律神経を弱らせる、あるいは固有の細胞意識を弱体化させる精神作用が、病気をつくるというわけである。

病気は気の病いというが、それは、脳脊髄神経の働きに間違いがあったため、そうなったという。しかし実は、原因は脳脊髄神経そのものにあるのではなく、さきに述べた、光子体のなかにある各人の魂の在り方に問題があったのだといえよう。

つまり脳脊髄神経は、魂の命令を受けて作動する組織体で、脳そのものは命令の執行者ではない。命令を受けて、各組織に働きかける代理人にすぎないということだ。

それは、肉体舟の電子計算室のようなものだといえよう。

機械的な電算機を動かすのは人間なのである。私達の魂である。

この魂の在り方が、病気の製造者になったり、健康の源にもなるというわけだ。

この二つの神経組織は、この人間の魂によって動いている。

厳格にいえば、各人の心の想念の在り方によって、二つの神経組織が、より強靱になったり弱くなったりするのだといえよう。

人をよせつけぬ自我の強い人、欲望に振り回されている人、怒り、そねみ、恨み、そしり、このような心を持っている人々は、自ら病気の原因を造り、事故の原因を招き、環境の不調和を造っているといえるのである。

このような想念と行為が、病気の場合、自律神経を弱らせ、肉体細胞の活発な運動を不円滑にして行くのだ。

こうなると、脳脊髄神経も、不調和になり精神病の原因になってしまう。

このように、私達の肉体と光子体と意識体は一体となって、現実の肉体を動かしているということだ。

この意識体は魂であり、光子体はこの地上界を去るときの肉体舟だが、魂の中心である心が、肉体舟の五官煩悩にまどわされることなく、正道の生活をして、己の欠点を修正している人々には、後光が出ている（七〇頁の図を参照）。

それは、心の美しい人々だからだ。

魂を純化させるということは、光子体の光子量が増えることにつながる。

心も肉体も相互関係があるから、人間は肉体が苦しんでも、心が病んでも、不調和になり苦しむのである。

しかし人間は、たとえ肉体に欠陥があっても、心まで欠陥のあるものにしてはならない。

心は、誰でも健全で、丸く広い豊かなものでなくてはならないのである。

私達は、この世を去るときに、肉体を持って帰ることはできないのだ。

肉体舟の船頭の、かじのとり方一つで、きびしいこの人生航路も、楽しく有意義にすごすことができるのだといえよう。

物質経済も、生活に足りればそれでよいはずだ。

足ることを忘れてしまい、欲望のとりこになるから、苦しみを背負うことになるのである。

このように、私達が、自らの心の欠陥を修正して行くということは、なかなかむずかしいのである。

自分の欲望を満たすために、どんな神に祈っても、そんなものは他力本願で成就するものではない。自力によらねばならないのが、人間に課せられた神の掟だ。

なぜなら、神は、すべてのものを、すでに私達に与えているからである。

しかし、与えられたものだからといって、私達は、この世の肉体舟を粗末にしてはならない。

健康でいることは、そのままそれが両親をはじめ肉体先祖に対する一番の孝養になるからであり、供養にもなることだからだ。

精神と肉体は、このように、常に不二一体で息づいている。

肉体の苦痛は、心の苦痛につながり、心の痛みはまた、肉体細胞の活動を弱くする。

私達が、日常生活のなかで、よく無理な仕事をすることがあろう。仕事を、何日までに完成しなくてはならないというようなことで、その目的を果たすために肉体を酷使する。

夜の二時、三時まで精を出すが、気持が張り切っているから疲労はそれほど感じない。

しかし、肉体には肉体の限界があるはずだ。

個人差はあろうが、この限界を超えてしまうと、仕事の目的とひきかえに、病気という結果を生み出してしまうのである。

つまり、私達の肉体には、適当な運動と休息が必要なのだ。

精神も、同じことがいえよう。

私達人間をふくめた生物は、運動と休息の相互関係によって動いていく。これによって、肉体は維持されているのだ。

昼は身体を動かして、夜は休息をする。こうした原理原則を黙殺して、心が先走り、ある目的のため、肉体の休息を与えないようにすれば、当然肉体は新陳代謝を弱め、やがて病気に襲われるということになる。

適度の運動もしないで、暖衣飽食をしていると、肉体の抵抗力を失い、一寸《ちょっと》した風邪でも大病を誘発してしまう。

仕事という緊張から離れ、残る人生を恩給で暮らそうという定年退職者が、ほっとして一、二年で他界する例は非常に多いことを知っているだろう。

このことを見ても、精神活動と肉体活動の相関性、原理を忘れてはならないということだ。

この原理は、生活環境についてもいえることだ。経済的に苦しい、あるいは経済的に恵まれているという環境のなかにおいて、人間はどうしても、自己を発見することがむずかしいようだ。

金に恵まれている人々の多くは、つい好き勝手なことをしてわがままになり、貧乏で明日のパンにもこと欠く状態だと、心まで貧しくなり、他人のことなどかまってはいられなくなる。

昔から、氏より育ちといわれているが、環境によって人格の形成は大きく変わってくる。

私の指導霊、ワン・ツー・スリーは、過去世のモーゼという人の一生を次のように説明している。彼は奴隷の子として生まれたが、王宮に拾われて育てられ、そこで、智と仁と勇を学び、長ずるに従い、支配者と被支配者の矛盾を強く感じるようになって行った。

城の内外を問わず、奴隷の苦しみを、身をもって体験し、奴隷解放に決然として立ち上がって行くのであった。

もし、モーゼが、王宮に拾われることなく、奴隷の子として育てられていたとしたならば、果たしてどんな運命を辿っただろうか。

運命の子、モーゼの生涯もがらりと変わり、あの華々しい後半生も、大分変わったものになっていたであろう。

王宮に拾われることによって、奴隷では学び得なかった文字を習い、品性を陶冶し、王宮の体制の裏側を知り、社会全般を見渡せる素養を身につけることができたのである。

勇者モーゼは、やがて自分が奴隷の子であることを知り、支配者と被支配者の矛盾に眼を開いて行く。

かくして、六十数万の人々を引き連れ、安住の地を目指して、モーゼは、四十数年にわたる長途の旅にのぼって行ったのであった。

このように、人間は、環境によって、ものの見方、性格、心の持ち方が変わってくるものである。

正道成就は、苦楽の両極端からは得られるものではない。

中道の心は求めれば求めるほど、実は奥深いものである。しかし、人間は、この中道の心を毎日の生活の基本として実践する以外に、道は開かれないのだ。

必ず自我が出てくる。ひとりよがりの、自己保存の芽が出てくるものだ。

私達は、苦楽のなかにあって、これに打ち克つことが大事であり、自分の欠点を正さない限り、悟りの境地にはほど遠いものになるのである。

それには、毎日の実生活のなかにあって、常に反省という行為を忘れず、精神と肉体の調和、環境の調和を心がけることが必要であるということだ。

中道とは、文字どおり、真中の道のことである（一二六頁の図を参照）。

真中とは、円でいえば、円の中心、要《かなめ》である。

この世のなかは、男女、善悪、美醜というように、相対的にできており、人々は、この相対のなかにあって魂を磨いて行くものなのである。

それは、善悪が混合している現象界だけに、私達にとっては、良い修行場だといえよう。

これが善人ばかりで、苦しみのない世界であったら、修行はできないものだ。

人間は、盲目の人生をとおして、探し求めたときに、初めて光の世界を発見できるものだ、といえよう。

このときの喜びは、たとえようもないものだ。

それは、転生輪廻の秘密を知り、この現象界に肉体を持って在ることに対する、偉大な意義を悟るからである。

何も悟ることなく、苦界から脱け出すこともできず、煩悩のままに一生をすごしてもそれまでであるし、生まれてくる前の丸い心を傷だらけにして、歪んだものにしてしまってあの世に舞いもどっても、それも自業自得というものである。

犯した自らの罪は、きびしい地獄界で償わなくてはならないということを知るべきだ。

人間は、だから自分自身で選んでこの世に生まれてきたからには、どんな苦しみにも耐えて、偉大な人生の価値を悟るべきであり、そして、欲望の海に放浪している迷える衆生に愛の手を差しのべ、救うべきであるのだ。

その実践行為こそ、神の子の道というべきではないだろうか。

しかしある者は、国家のため、民族のためといいながら、自己の思想に酔って、中道の道を犯してもそれを大義としている。

このような人々は、改めて、大義と名分というものを、良く考えてみることだ。

人類は、本来、皆同胞である。地球は一つであり、そこには、もともと国境などというものは存在していなかったのである。

それが、人類の生存の永い歴史によって、それぞれの自己保存、自我我欲による考え方によって、権力が生まれ、支配が生まれ、境界が、大衆の犠牲の上に造り出されて行ったのである。

歴史の過程において、国々の境界は、既成の事実になってしまった。その結果が人類の理想から離れた、各国の民族エゴイズムとなり、それが人類の一つの尺度になってしまったのである。

これは、人類の大きな誤りである。

そして、個人の心まで、日常生活のなかで、善悪の感情に支配され、理念よりも自己の利益、家族の幸福観が先行しているというのは、どういうことだろうか。

理屈はどうあれ、自分を賞する人を善人であり、自分を罵倒する者を悪人とする。

このように、私達の日常も、国と国との関係も、すべてが、自分の都合、自国の都合、自民族の都合という、自己保存の方向で動いている。

善悪、正・不正の基準は、今全くバラバラである、というのが現実の姿だ。

たとえ法律があっても、法律以前の個々の自己保存の感情によって、善悪、正・不正の尺度を計り決めている。

こんなことでは、中道の心は解るものではない。

中道の心は、自我を離れて客観的な立場に立たなければ見出すことはできないだろう。

それには、常に白紙の状態でいられる自分を見出すことが必要だ。

知識や経験によって、頭のなかに詰め込まれているものをひとまず脇におき、自分の姿を他人の立場で眺めて見ることが大事なのである。

個々の知識や経験などというものはたかが知れている。

そういう浅い尺度で、ものを見てしまうと、自分の尺度以外には解らないし、状況判断も狂ってしまうだろう。

中道の心は、私心のないことだ。

すなわち、神の心である。神の尺度である。

この神の尺度に立ったとき、初めて正しい判断がなされ、精神と肉体、環境の調和がなされるのである。

そのような生活をしたときに、私達は自分を知り、家族も平和で、国も栄え、隣国との調和も保て、仏国土、すなわちユートピアの完成に近づくことができるのである。

心を失った思想によっては、人間の大調和もなく、闘争と破壊の阿修羅界を造り出すのみではないだろうか。

正道成就は、中道の心を目標として、日常生活のなかでそれを実践し、絶えざる反省と報恩の行為をする、そのことによってなされるといえよう。

６　悟りの彼岸への道

中道の道を歩むには、具体的にどうすれば良いか。

それは、釈迦が説かれた中道の目的にかなう八正道しかないのである。

正しく見る、正しく思う、正しく語る、の三つの精神作用は、人間がこの世で生活する上に、もっとも大切な、そして基礎的な部分を占めている。

中国には、ことわざに、見ざる、聞かざる、いわざる、と三猿になぞらえて、煩悩離脱の基礎条件を示している言葉があるほどだ。

煩悩という迷いが生じるのは、見たり、聞いたり、話したりすることから起こることが多いのである。

それゆえに、煩悩を消滅するために、眼、耳、口を閉じよといっているわけである。

しかし、人間にとって、見る、聞く、語るは、いわゆる閉じることではない。

そうした精神作用をとおして、現実社会のなかで、それを正しく行なえということだ。

三猿の例を、そのままうのみにしてはいけないのである。

それは、逃避になるからだ。

中道を心の物差しとして、善悪を判断した生活、それが人生ではないだろうか。

しかし三猿の例は、煩悩が生じるもっとも危険な精神作用への戒めであり、人間の弱いところをついていることわざだ。

八正道の冒頭にある「正しく見る」とは、善なる中道の心の眼で見よ。「正しく思う」とは、頭で考えないで、善なる中道の心で考えよ。「正しく語る」とは、善なる中道の心で考えたことを語るようにせよ、といっているのである。

心とは、意識の中心であり、意識の中心は、自他の差別観のない善なる心だ。

次に、「正しく仕事をなす」ということは、与えられたその職務に対して、忠実に、義務と責任を果たすということである。

この場合の仕事とは、単に表面的に、量的に人より多くなしたということよりも、人々の幸福を願い、働く環境そして提供者に感謝し、その感謝の心を、行為によって報いるということなのだ。

働く環境を提供している人々は、また働く人々に感謝の心を持ち、相互に、より良い生活の安定と、心の調和をはかり、報い合うことが大切なのである。

そして、自らの義務と責任を果たすこと。

たとえ、仕事の量は少なくとも、心から出た奉仕の行ないのほうが、神はより以上に喜ぶだろう。

なぜなら、この世は、魂の修行のためにあるのであり、仕事そのものは、魂の修行の材料にすぎないのである。

むろん、質と量が、相ともなえば、これに越したことはないだろう。

しかし、神仏の眼は、あくまでその質に重点をおいていることを、私達は忘れてはならないだろう。

昔から、長者の万灯より、貧者の一灯という言葉がある。心からの行為、それをいったものだ。

資本主義もマルクス主義も、物質と経済が基準になっているため、心はない。

私達の本当の幸せは、果たして経済だけであろうか。

経済だけに幸せがあると考えている人々は、本当に、心の貧しい人間である。

人間が造り出した貨幣経済というものが、いろいろ不安定な問題を投げかけているという事実から、私達は眼を避けてはならない。そして、その事実から、真実の幸福とはどこにあるかを考えなければいけないのだ。富ばかりが人生ではない。

神の造り出した法則は、絶対に変わることのない永遠不滅のものであって、心を失った人間の智恵だけで、この法則をくつがえすことはできないのである。

神の子である人類は、この不変の神理を自ら探し求めて、その神理にかなった生活をし、より豊かな心を造り出すとともに、調和された社会を築き上げなくてはならないのだ。

正しく生活をするとは、日常生活の心と行ないについて、家庭生活の在り方、近隣の人とのつき合い、勤め人としての在り方、使用者としての在り方などを、正しくするということである。

私達は、この日常生活においては、とかくささいなことに心を煩わし、六根に左右されがちであり、心の歪みを造ってしまうものだ。

ことに、眼で見る諸現象、耳で聞く諸問題、そして、語られる言葉、そんなものによって私達は心を惑わす場合が多いものだ。

また、他人をも惑わして、大きな罪を造ってしまう。

このように、眼、耳、口は、もっとも代表的なもので、これらに振り回されてしまうと、煩悩のとりこになり、自分自身を失ってしまうのだ。

そして、転生輪廻の過程で造ってしまったカルマ（業）が心のなかにしみ出してきて、悪循環（悪い運命）に身を堕とすことになってしまう。

望まないのに、病気をしたり、交通事故に遭ったり、人に騙されたりして、人を信じることもできなくなり、小さな心になる。小さな枠に入った自分を造り出して、苦しみの人生を送ることになってしまうものだ。

そこで、こうしたカルマに振り回されないようにするため、まず現在の環境、立場、生きていられるそのこと自体に感謝することが大事だといえよう。

物一つ求めるにも、多くの人々の苦労によって造られ、助けられ、また太陽や水など、自然の恩恵があって、私達の存在はあるのだ。

私達は、これにむくいることが大事なのである。

それには、自らの欠点を知り、修正し、社会人類のために余った時間を奉仕することが必要なのだ。

「正しく生きる」には、まず六根に左右されない自分を発見すること、それが先決であろう。

それには、自分の短所、長所をしっかりとみつめ、短所を修正し、長所を伸ばすことが大事であり、そのための勇気と決断が必要である。

病気にしても事故にしても、また人に騙されたりすることは、五官に振り回された想念と行為に問題があるのだ。

私達の欠点短所は、どうしても五官にもとづいた想念に一番結びつきやすい。だから、欠点の修正には、思い切った勇気が必要だといえよう。

正しく生活をするということは、人生の目的と使命を悟った毎日の生活行為にあるわけで、常に、安らぎの境地にあって、一切のこだわりや執着から離れ、足ることを知った生活を送るということだ。

執着から離れ、足ることを知ってしまうと、仕事などできないのではないかと思う人もあるだろう。

しかしそれは、愚問というものだ。

正道を悟って、悔いのない仕事を一日一日積み重ねたならば、誰でも彼岸に到達できるのである。

一日一生、思い残すことのない生活を送ってみることだ。

そして、反省しても、良い面だけしか出てこないような、そんな一日を体験してみることだ。

「正しく道に精進する」とは、主として人と人との関係においての言葉である。

夫婦、親子、兄弟、友人などは、それぞれの因縁、あるいは約束のもとに、結ばれているのである。だから我欲にもとづいた自己主張をしないで、調和ということを目標に、感謝と報恩の毎日の生活を送ることだ。

なかには、自分は調和をはかりたいのだが、妻が、夫が、友人がなかなかいうことを聞かないという人もあり、別れたほうが良いと思う人もあるだろう。

しかし、本来は、片方がゆずる心を持って態度を変えれば、相手も変わってくるものだ。

意志疎通がないというのも、何か原因があるからで、不調和な根を探し出して、良く反省することが大事だろう。

しかし、それでも調和できない人々もあるだろう。相手の暴力や毒舌が、休まず攻撃してくることもあるだろう。

だが私達は、中道から逸脱した相手の姿を感じたなら、争ってはならない。争わずに、「この哀れな者に、どうぞ神よ、安らぎをお与え下さい」と心から願うだけの余裕が欲しいものである。

忍辱《にんにく》とは「あとで見ていろ」「あとで仕返しをしてやる」というようなことを、心のなかで思うようでは、忍辱とはいいがたいし、その想念は暗い曇りでおおわれ、自らの霊囲気を不調和に乱してしまうことになる。外部からの辱めによく耐えて心に歪みを造らないことだ。結局は、調和できない人々は、肉体的に不調和になったり、他人の信頼も失って、ますます苦しみの渦のなかに埋没してしまうということである。

原因と結果はめぐってくる、ということを悟らなくてはならない。

物理学で説かれている作用と反作用の法則と、全く同じ結果になっているということだ。

自分自身の心を、丸く広い豊かなものに造り、不調和な環境にもいろいろなケースがあるとしても、大調和を目的とした人間関係を造り上げてゆくことが、精進の第一の目的といえよう。

つぎに「正しく念ずる」である。〝念〟には目的があろう。偉くなりたいとか、良い家に住みたいとか、あの人と結婚したいとか、あの人は憎らしいといったことなど、人によってさまざまであろう。

しかし、念の正しい在り方は、中道にかなった目的が、最上といえよう。

念のなかには、自分の欲望をもととしたものが多いが、この欲望はとどまることなく、発展して行くものである。これが、やがて、人と人との調和を欠くことになるのだ。

人間には、転生輪廻の過程において造り出してきた自らの器量、この現象界に出てからの器量とある。それが総合された人間の器は、人それぞれ異なっている。

一国の大統領になろうとしても、大統領は一人しかいない。

ところが、器量に関係なく、ポストを求めるから、争いとなる。

昔は、武力でこれを奪いとったが、現代はどうだろうか。

選挙というものもあるが、これにも闘争はつきもののようである。そして役人や、会社員の世界にも、役職に対する執着、ポスト争いには熾烈なものがあるという。

こうした、自己の欲望にもとづいた念の作用が働くため、社会は争いと矛盾に満ちたものに変わってしまうのである。

このような欲望も、それぞれが、自分の器がわからないため、自我我欲のとりこになってしまうところに発生するものといえよう。

またこれは、自分の適業が、何であるかという判断が、むずかしいからともいえよう。しかし、欲望には、これでよいという限界がない。そのため、人間は、自らの心に足ることを知った生活、それが必要であるということだ。

念の在り方は、こうした意味で、足ることを知った、調和にもとづいたものであることだ。

最後に「正定」であるが、これは反省である。

前述の七つの規範に照らして、今日一日の自分の想念と行為に、行きすぎた点がなかったかどうかを振り返ったり、間違いがあったらこれを改めて二度と、同じ過ちをしないことである。

反省は単に、ああ悪かった、良かった、で終わってしまっては、正しい反省とはいいがたいのである。これは重要な点である。

反省したとき、間違いを犯したことを発見したならば、その間違いはどうして起こったのかといった、自分の心のなかの原因を追究してとり除くことが大事なのだ。

それをとり除くことが心を浄化することになるのである。

その結果、精神と肉体がまず健全になり、家庭の調和、職場の調和、社会の調和につながって行くということだ。

日常生活のなかで、物ごとに失敗したなら、その失敗の原因を究明して、二度と同じ失敗を犯さないようにつとめる。そうすれば、やがてその失敗は、成功に結びついて行くということである。

反省もしないで、同じことをくり返すようでは、成功することは困難だ。

人の心と行為も同じことなのである。

「正定」の基本は、反省にあることを深く肝に銘じなくてはならないだろう。そして瞑想的反省は心の曇りを除き自らの霊囲気を高めて行くことができるということを知らなくてはならないだろう。

もっとも、反省、反省と、反省ばかりに終わると、自らの心を狭く小さくしてしまうから注意すべきである。

人間には、内向的、外向的、楽天的、悲観的というろいろな傾向がある。従って私達は、自分の性格に適合した反省の仕方、これを身につけて「正定」をすることが必要になってくるのである。

正道は、各人の生活の智恵や実行力を傾け、勇気をもって努力することがそれにいたる早道であり、自らの心の想念と生活が豊かになる近道でもある、ということを悟るべきであろう。

7　心の安らぎ

正法とは、正しい法、万古不滅の神の理、神の心、すなわち宇宙の法則をいうのである。

ものには、すべて、転生輪廻という法があり、その法自体が、万物万生の存在を教え、大自然において、それらが生存できる環境を造っている。

それは、神の大慈悲であり、大いなる神の愛といえよう。

地球は、太陽の周囲を回っている。

極微の原子も、核を中心として核外電子が、丁度太陽の惑星と同じように回っている。

一日が終われば、やがて明日がやってくる。

人は、生まれて、やがて死ぬ。

大自然を美しく飾る草木も花も、いつまでも芽生え、咲き続けることはできないものだ。

また、私達の心の在り方と生活の在り方にも、この自然の法則と同じような現象が現われてくる。

善の行為は、善の結果として循環し、悪の行為は、悪の結果となって現われてくるのである。

このような法則を、循環の法則という。

人間の日常生活も、こうした法にのっとったそれが、大事であるというわけだ。

正しい行為は、正しい結果として、その人の人生、健康、環境を整えてくれるものなのである。

それは、自然の運行が、如実に示していることではないだろうか。

狂いのない運行があればこそ、私達人間は、地上での生活ができるといえよう。

慈悲と愛についても同じことがいえる。

法が正しく運用されているから、太陽の熱は冷えないし、地球は定められた軌道をはずすことなく動いていることができるのだ。

地上での生活も、太陽の変わりない熱と光のエネルギーがあればこそ、可能なのである。

慈悲とか愛とかいうと、人はいかにも人間的な行為、人間的感情を連想するが、太陽も地球も、人間と同様に、心を中心として動いているのであり、慈悲とは、その意味でもいえることなのである。

大自然は、ものを語らない。

人間は、ものを語る。

そして、人間には喜怒哀楽があるが、自然は私達にわかるそうした感情は示さない。

しかし、自然もまた、まさしく生きているのである。

四季の移り変わり、風雨、寒暖、台風……すべて生きていることの表現である。

現象世界にあるものは、すべて生命を持っており、生命があるということは、意識を持っているということである。

花も動物も同じことである。

私達が愛情をもって接すれば、花も動物もその人のいうとおりになる。

それは、意志が互いに通じ合うからだ。

花には花の精がある。私達の心が浄化されると、その花の精とも話はできるし、姿を見ることもできる。これは事実である。

否定する者達は、自分で体験をしないからわからないのであって、それは否定する根拠にはならないだろう。

草木すべてに意識があるのだ。

彼等が、自分の回りに起こった世の移り変わりを、正しく語って聞かせてくれるという事実があるからだ。

地球という大地も同じことがいえよう。

大地は、人間をはじめとして、地上や地下に生命を生かし続け、支えている。

それは、全く辛抱強く、あらゆる生命を生かし続けている。

大地に表情がないかというと、それもちゃんとあるのだ。

私達が旅行などで、知らぬ土地、景色を見て歩くとき、その土地、土地に、霊囲気があることに気がつくだろう。

大地は受動的であり、私達は能動的に造られている。

従って、人間の感情想念、いわばそこに住む人達の意識の調和度、心の持ち方によって、その土地の空気はつくられているといって良い。

争いの多い土地には、作物も育たないところが多い。

そして、村や町も汚いものだ。

調和に満たされた場所は、綺麗で明るく、ゆったりとしている。

人の気のない大地は、それでは、どうであろうか。

やはり表情を持っているはずだ。

気候や風の流れによって、さらりとしたところもあるかと思えば、現在は人気はないが、その昔、人類が居を構えていたところは無数にあり、そのようなところは、かつての住民達の心の波動を残し、明暗、美醜の空気をかもし出している。

このように、大地といえども、生命を持ち、感情を抱いているのだ。

火山、地震、地すべり、陥没等、大地そのものは、ときとしては怒り、狂うこともある。

こうした怒りや狂いというものは、大地そのものが勝手に動き出したかというと、そうではないのである。

それは、人間の勝手な行動、想念が造り出した物理的現象が大部分だといえよう。

太平洋にあったムー大陸も、大西洋にあったアトランティス大陸も、いずれもそこに住む人類の業想念が陥没させたことを、私の指導霊、アガシャーは教えている。

なぜ、このような現象が起こるかというと、人間の生命意識、地上での目的は、己自身の調和と同時に、動物、植物、鉱物をふくめた地上の大調和にあって、その目的に反した想念行為に対しては、その分量だけの償いが必要になってくるからである。

この事実を、各人が信じると信じざるとに拘らず、人間の生命目的というものが、神の子として、この地上界を平和なユートピアにするため、神から与えられていることを知らなくてはならない。

この目的を、人間は、肉体舟に乗ってしまうと忘れがちになるのである。

私達は、大地という生活環境に在って、太陽という熱、光の変わりないエネルギーを受けて、生存している。

そのことを考えるならば、私達は、そこに大自然の、神の偉大な慈悲と愛ということを、感じないわけにはゆかない。

私達は、大自然の生命に調和し、神の心を心とした、慈悲と愛に生きる意義が、これまでの説明によって、ほぼわかったと思う。

人間の価値判断というものが、何を基準に何を標準に定められるべきかを説明しよう。

まず、価値の概念について考えると、ものに値打ちがあるのは効用があるからだ。お金の値打ちは、お金があれば何でも自分の欲しいものが買えるからだ。ロビンソン・クルーソーのように、絶海の孤島の一人暮らしでは、何億の財宝も何の価値も意味もないだろう。

このように、価値というものは、効用があると同時に、相対的なものだ。人間の値打ちというものも、この意味では相対的である。悪い人がいるから、悪くない人が良く見える。善人だけであれば、善人がわからないといえるだろう。

近頃では、人間的にはどうであれ、金や地位、名声あるいは才能がある人には、善人、偉人というレッテルを貼りたがる。

「……何だかんだといっても、あの人は大した者だ……」

ということをよく耳にするだろう。それは何に対する評価であるか、冷静に考えてみる必要があるだろう。

人間の評価を単純に受けとり、それは間違いだと薄々感じながらも大勢に流されてしまう。

そしてまた、人間の成功、不成功を、単に、運、不運だけで片づけるといった傾向もある。現象界における価値の性質は、このように相対的であるが、同時にそのときの、時代的背景によっても価値観はクルクルと変わる。

仇討ちは、昔は美談であったが、今では、殺人罪に問われる。

親のためには、娘は売春を強いられても仕方がなかった。しかし現代では、子供に主権があるし、売春そのものも禁止されているから、無法の行為以外にはそんなことはできない。

このように、価値観は、時代背景、社会構造によって違ってくるのだ。

私達はしかし、状況によって、つまり時代背景や、思想あるいは社会構造によって人間の道という価値観を変えてはならないのである。

つまり正法は、いつ、どこでも、誰にとっても不変であり、誰も変えることはできないということである。

この正法を心の糧として、毎日の生活に生かしたならば、私達は常に、迷うというようなことはないのであり、正法の道を歩んでいれば、苦しみから解脱して、神の子としての悟りの境地に到達することができるのである。

このときに、私達の心は、大宇宙の心と調和されて、本来の安らぎの境地に到達でき、神の光に包まれて、実在界あの世にも自由に往来できるようになるのである。

宇宙即我を悟るため、宇宙と同化された本当の人間の姿に立ち返ることができるということである。

第三章　人生の意義と正道

1　色心不二と科学

色即是空、空即是色の質問について、
「色とは、眼に映る万物万生のことである」
と私は答え、次のように説明した。
万物万生には、すべて色彩があり、私達は確認することができるだろう。
赤青黄の三原色は、色の配合によって何万色にも変化するものだ。
大自然を見ても、春夏秋冬によって、その色彩は変化している。
色とは、私達の肉体ともいえようし、物質もまた色ということになるだろう。
しかし、私達の眼で見ることのできる世界は、虹の七色の世界だけだ。
○・○○○○四~○・○○○○七センチくらいの波長だけの範囲ということになろう。
虹の両端の色は、紫色と赤色である。
紫色から紫外線、X線、γ線、σ線、と連続している。

また赤色から、赤外線、超短波、短波、長波と周波数が変わって行く。

これらの世界を、私達は見ることはできない。しかし、その存在を否定することは、誰にもできないだろう。

電波も私達の周囲を包んでいるが、五官では感知できない。

このように、〝色〟という言葉は、簡単なようで、なかなか複雑な世界である。

電波などは物質ではなく、次元を超えた世界の存在だといえよう。

これは、エネルギーであり、仕事をなし得る能力だからだ。

光についても、同じことがいえるだろう。

電波も、光も熱も、エネルギー粒子ということになるだろう。

目で見る色彩の世界から連続されている世界であるが、物理的次元が、エネルギーすなわち仕事をなし得る能力ということになるので、異なってくる。

仏教では、〝色心不二〟という哲学的な表現がある。

物質とエネルギーは二つではない。一体だということをいっているのだ。

色が物質、心がエネルギーということになれば、法則には変わりはないだろう。

物質とは、宇宙空間に体積と質量を有するものだと、物理的に表現している。

物質の本質は、エネルギー粒子が集中固定化されたものであるから、それが分散されれば、エネルギー粒子として存在するということになる。

つまり、私達の眼に見えない存在になってしまうのである。

そして、ここでいう〝心〟は、意識あるいは魂の中心である私達の心をさしている。

肉体舟と、船頭が同居しているということだ。

私達は、肉体舟だけでは活動はできない。

また、魂すなわち意識である肉体舟の船頭だけでも、この地上界で行動し、現象化することはむずかしいのである。

やはり、この地上界の掟に従って、肉体と心は、一体でなくては生活ができないということになるだろう。

眠ってしまえば、肉体舟は床につながれて停泊しているだけで、意志をもって行動することはできない。

意志は、船頭である魂、すなわち意識の心の領域の動きなのである。

アインシュタインは、エネルギー不滅の法則、質量不変の法則を次のように説いている。

$E = MC^2$　Eは仕事をなし得る能力、すなわちエネルギーである。そしてCは光の速度を示し、Mは質量を示している。

すなわち質量と光の速度の積は、仕事をなし得る能力だということである。

また熱の問題に関しては、プランクは自らの実験によって、常数を発見し、振動数との積によって熱粒子のエネルギーを説明している。

$E = h\nu$　hはプランク常数で、

6.626×10^{-27} (erg・sec)ということだ。νは振動数を現わしている。Eは熱、エネルギーのことだ。

仏教でいう色心不二の意味も、現代物理学でその自然の法則を証明しているということである。

つまり、次元の異なった世界と物質は、同居しているということになるだろう。

外力という縁にふれて、物質は形態が変わるが、質量もエネルギーも変わってはいないということになるのだ。

そこで、〝空〟ということについて考えてみよう。

〝空〟を、からっぽだとか、むなしいとか、説いている人々がいるらしいが、このような解説は、知だけで学んだ小さな枠のなかで判断している人々の説だといえよう。

仏教を学び、心と行ないを実践し、執着を去り、足ることを知って、不生不滅の境地に到達した者なら、「あると思えばない、ないと思えばある」というような、わけのわからない言葉など使わないだろう。

いずれにしても、理屈では悟りの境地に到達はできないし、次元を超えて実在の世界に行くことも不可能だ。

この次元とは、物質的なエネルギーの次元とはまた異なった、精妙な意識界の次元のことをいっているのである。

私達が、いずれは帰らなくてはならない、あの世、実在界ということだ。

すべての物を造り出す、根本の世界なのである。

それも、〝縁〟という作用によってだ。

私達の住んでいる世界は、X軸、Y軸、Z軸からなる立体の三次元の現象界である。

すなわち物質界だ。

この物質界からX軸、Y軸によって結ばれた二次元の世界を考えてみよう。

映画のスクリーン、幕のことだ。

そこに、投影されて映し出される映画を考えてみよう。

たとえば、戦争のニュースを報道する。

「自分の可愛い子供が、戦乱の巷で、今まさに敵兵によって殺されようとしている。

その身体は傷だらけのようだ」

そのニュースを見て、おろおろとしている子供の両親——それが、私達の姿である。

つまり、二次元に投影されているその子供を、誰も救い出すことはできない。声をかけても通じはしない。何というもどかしさだろうか。

その関係が、三次元から投影している映写機と二次元のスクリーンとのつながりの関係である。

ニュース・フィルムは、三次元の世界で取材したもので、その生の姿は、ニュース・

カメラマンがとらえたものである。

生の姿という、人間同士が造り出した物が、カメラマンの縁によって、記録されたものの再現なのである。

そしてまた三次元の世界を投影している世界が、四次元以降の多次元の世界で、神の心の世界ということになるだろう。

この世界が、本当の実在の世界といえるのである。

非物質的な、もっとも精妙な世界で、それは慈愛に満ちた世界であり、全く嘘のない大調和の世界なのである（二七一頁の図を参照）。

物質は、すべてエネルギーが次元を異にして変化したものである。植物も本来植物としての意識の世界で存在している。

他の動物も、同じ意識の段階で生存を続け、三次元の固体的不安定な世界を通して輪廻をくり返しているのだ。

三次元からの連続された世界には、想念の不調和な霊囲気に包まれた、非物質的な闇の世界も存在している。これが、地獄界である。そこは、類は類を呼ぶ法則に従って、同じような悪い考えをしている、慈愛を失った人々の心が造り出した集団の修行場だといえるところである。

神理を悟った、心の調和されている私達のグループのなかには、次元を超えて、そうした実在界の生活を自由に見てきた者達もいる。

現象界の肉体舟から、光子体の舟が分離して、次元の異なった天上界や地獄界に行き、かつてこの世で生活していた人々とも会ってくるのである。心が調和されると、そうした往来が、自在にできるようになるのである。

また、この現象界のどこへでも、希望する場所へ、その光子体の肉体舟で行き、見てくることもできるのである。

現在の肉体舟は、もちろんそこに行くことはできないが、光子体なら行けるのである。

この肉体舟と光子体の舟とは、霊子線ともいうべき、丁度、母と子の〝へその緒〟のようなもので結ばれている。

この霊子線は、無限にのびちぢみをする能力を持っている。

そして、光子体にも、私達の魂・意識は乗っているので、行った先の移り変わる現象がはっきりととらえられるのである。

心の眼で見ると、光も粒子だということが解るし、声も粒子だといえよう。声の波動も、媒体をとおしてみると、粒子が波になって動いていることが解るのだ。心の眼で見ると、人間の内臓もはっきりと解り、欠陥もはっきりと解ってしまう。なぜなら、次元を超えて見るから、心の眼は、諸現象を正しく判断できるのである。

また、心の状態や、考えていることは、意識に記録されるテープのように、全部記録されるのである。そして、それは残るのだ。

我欲の強い人々は、赤い文字で記録されているし、中道を逸した行動や想念も赤字で記されているのだ。

恨み、妬み、怒り、そしりなど、自己保存、自我我欲の思いなど、すべて意識に残ってしまうのである。

とりわけ慈悲深い思いやりの心や行為は、黄金色の文字で記録されている。中道の生活をしていると、一般の黒字で記入されているものだ。

もし恋愛をしている場合などは、相手の名前が、幾条にも記録されている。

悩みの多い人々の意識は、暗い霊囲気に包まれ、非常に重い。

中道を歩む、偏りのない人々の心は、光明に満ちており、非常に軽い。

赤字で記録されている人々は、自ら暗い想念を造り出しているのである。

つまり、一秒一秒の本当の心と行ないが、すべて私達の意識のなかに残って行くということだ（二一八頁の図、三四二頁の図を参照）。

そうならないためには、心のなかに暗い想念を造らない生活が大切である。もしそれを造り出してしまったときには、中道という心の物差しで、自分の思ったこと、行なったことを、よく反省することが大事である。

人間である以上、誤りも犯そう。

反省のチャンスは神が私達に与えた慈悲なのである。

私達の記録のテープには、反省すると不調和な部分の隣に、その反省の事実が記入される。

そうした意味で、私達の心の記録装置は、もっとも精妙であるといえよう。

また私達のグループの者は、その各人の守護霊や指導霊から、その人のことを聞くこともできる。つまり、記録と、その意見と、両者を見聞すれば、その人の欠陥や長所は、おのずから解ってしまうということだ。

もちろん、心には、はっきりとした形態があるし、これも心眼で見ると、その人の心が丸いか歪んでいるかということもすぐ解ってしまうのである。

丸い豊かな心の人々は、後光に包まれているし、そのそばには、必ず守護霊か指導霊が立っている。

逆に、暗い想念の、不調和な心の人々は、暗い霊囲気によっておおわれ、よく憑依霊にとり憑かれ、病気などの原因を造り出している。

こうした心の精妙さを知ったならば、人はいかに、その思うこと考えることが大事であるかということに気がつくだろう。

まして、他人に対する考え方や行為は、正しくなければならないということに、思いいたるであろう。

本来は、教育者や医学者達が、このような心構えによって、より豊かな心で患者をみることができたならば、これ以上のことはないのである。

ゆがんだ思想を教えることなく心ある生徒を育てることができるだろうし、一切の病気の原因も追放できるだろうからである。

人間は、四次元以降の多次元の世界から、正しい三次元の諸現象を判断できるようにならなくてはいけないのである。

それには、自らの欠点を、勇気を持って修正し、偏りのない、正しい心を物差しとした生活を送り、そのなかで完成して行かなくてはならないのである。

このように、空の世界は、むなしいものではなく、あると思えばない、ないと思えばあるというような、曖昧なものではないのである。

それを説くために、色即是空、空即是色とくり返しているのだ。

つまりこれは、輪廻しているということを、漢字で表現しているのである。

水は、固体にも気体にも変わるだろう。

圧力や熱の縁によって、三つの相に変化するが、水の本性であるH_2Oは、失われてはいないのである。

空中に蒸発した水蒸気は、空中では見えないはずだ。しかし、見えないはずなのに、

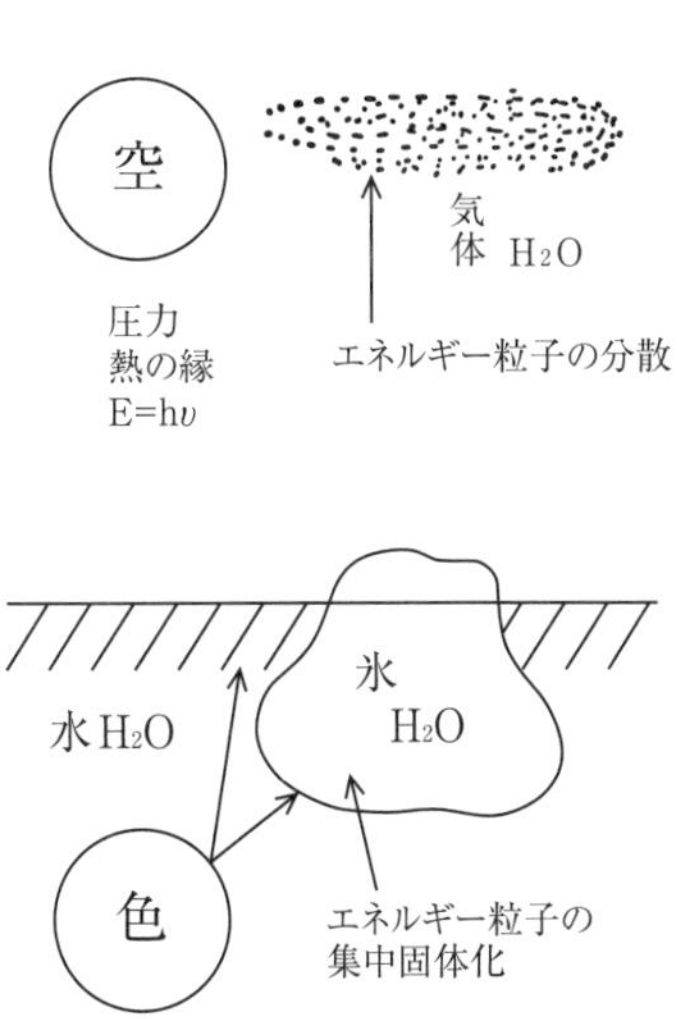

熱の降下や圧力といった縁にふれると、再び雨や雪となって、形を変えて地上に降ってくる。

これも、空即是色であり、色即是空という輪廻の法則に従っていることなのである。

私達も、これと同じように、実在界（空）から、両親の縁によって、この現象界（色）に肉体舟を与えられ、きびしい苦楽の人生航路を修行し、やがてまた、肉体舟と光子体を結んでいた霊子線が切れて（死）、実在界（空）に帰って行くのである。

実在界と現象界は、つまりあの世とこの世の違いであって、表裏一体の世界なのである。

「あ」と「こ」の違いだけで、「世」には変わりがなく、すぐにも行くことのできる世界といえるのだ。

生と死は、永遠の輪廻であり、神の心であり、神理なのである。

だから、見えないからないのだ、死んでしまえば亡骸しか残らない、というのは、皮相な見方である。

ところが、現実には、この亡骸が、生存していた本人だと思っている人が多い。

亡骸は、人生航路を渡って行くことができなくなってしまった肉体舟の残骸なのである。

この残骸に執着を持ちすぎているということは、それは、この現象界に対する執着であって、そのこと自体が苦しみといえる。

そうした人達は多く、自ら地獄界を展開して、その場所に地獄霊として生活をしている。

そして、彼らは、なぜ地獄に堕ちているのか、わかっていないのだ。

末法の世になってしまうと、「正しい」という心の基準がわからなくなってしまい、仏壇や神棚、また神社、仏閣にお詣りして経文や祝詞を上げたりすることが、信仰であり、信心であると錯覚してしまう人々が多くなるのだ。

そうした形式主義によっていれば、神仏の加護が得られると思ってしまうのである。自らの心と行ないを正さないで、心を欲望の曇りで包み、いくら祈っても、それは地獄霊や動物霊の世界に通じてしまうということになる。

〝空〟の実体が解らないため、むなしいなどということになってしまったのであろう。お経というものは、自らの心と行ないについて教えているもので、偶像や曼陀羅にそれを供養することは〝空念仏〟に終わるということになろう。

何よりも、自らの心と行ないを正すことだ。

そのとき、神の力が与えられるということだ。

自力優先こそ、人類の救われる道なのである。むなしい考え方を捨てるとともに、旧来の陋習《ろうしゅう》を破り、神理の実践に邁進することが大切なことだといえよう。

このように私の指導霊は、先の質問に答え、そのとき、

「そのとおりだ。一切の諸現象は、空の世界によって、法則づけられているのだ。それは神の意志といえよう」

といったのであった。

色即是空について質問した人の心のなかの、そのとおりであろう、といった波動が、私にひびいてくるのであった。

続いて、「摩訶《まか》・止観」という質問に対しては、その答えは「偉大なる反省」ということになるであろう。

止まって見る、ということだ。

自分の思っていること、行なっていることをしっかりと判断して、中道であるか、極端な行為であるかを、心を静めて反省し、もし間違いがあったなら、心から訂正をして、二度と間違いのないようにすることが、自らの心をより豊かにする早道なのである。

ある指導者達は、よく禅定して、無になることが悟りへの道だと説くが、これは大きな誤りである。

心のなかの、恨み、そしり、そねみ、憎しみ、怒り、嫉妬、情欲、権力欲、金銭欲、病気に対する原因など、心的原因を反省しないで、暗い曇りのある状態では、地獄霊や動物霊達に、その意思を支配されてしまう結果となるであろう。

反省によって、今までの心の曇りを除き、感情、智性、理性、本能、そして想念、意志の領域に歪みがあるかどうかを点検し、丸い豊かな心の状態に到達したとき、私達の心も身体も光明に照らされるというものだ。

そして、より調和された霊囲気が造り出され、内在された偉大な智慧を、自分のものとすることができるのである。

内在された偉大な智慧とは、パニャー・パラー・ミターといわれる、転生輪廻の過程で学んできた、仏智ともいえよう。

その智慧の宝庫の扉が開かれるのである。

今世において学ばなかったことでも、過去の世で学んでいれば、わかってしまうということなのである。

現世だけでなく、実在界に行くこともできるのだ。

それには、私達の心が常に中道の位置に止住することが大切なのである。

心というものは、無限に近いほど、移り変わるものだ。

思うことは自由自在だけに「正しい」という基準を、しっかりと持って、自らの生活を律することが大事だといえよう。

正しい心の物差しで、自らの想念行為を止まって見ることが大切なのである。

これが、摩訶止観の正しい意味なのである。

天台以後における僧侶や学者達は、これを非常にむずかしい問題にしてしまったようだが、自らの心と行ないを忘れてしまった。それは知のみの解釈になってしまったからである。

仏教は、学問ではなく、道徳であり、心の在り方の教えであり、悟りへの道だといえよう。

質問者は、学問的な体験で学んだだけに、知だけが先走っているようであった。

行ないがともなわない仏教は、正法でもなく、神でもないといえよう。

調和された光明への道は、行ない以外にはないのである。

〝光〟すなわち〝行〟が、正道の姿なのである。

2　中道はどこにあるか

私達の講演会は、毎土曜日、毎日曜日、各地で開かれるようになり、質問者も多くなってきた。

そのなかで、特に知らなくてはならない重要な問題について、述べてみよう。

「正しい」という基準はあるだろうか。

この質問は、大学生であった。

正しいということは、その国々の指導者の考えでも違ってくるし、生活環境によってもその判断が異なってくるのではないか、というのが大方の人々の考え方である。

しかし、正しいということは、権力や人間の智恵によって定められるものではない。

大自然の法則のなかに、それはすでに定められているのである。

人間が複雑に考え込んで、かえってむずかしくしてしまったといえる。

自分に都合のよいことが、正しいことだと思っている者もいるし、何ごとも、他人が幸せになることが、正しいことだと思っている者も多い。

しかし、善悪の見境なく、他人の面倒をみる、ということも正しいとはいいがたい。

善は善、悪は悪として、ケジメをはっきりと心得た行動でなくては、誤りを犯すことになるだろう。

自分の立場を考え、怒りや恨みの想念を心に秘めたまま、表面的にのみ相手に尽くし、つくろっている人は、重い荷物を背負って急な坂道を登るように、身も心も疲れ果ててしまうだろう。

本当に、相手を許す、そうした心になったとき、初めて心は晴れ、安らぎの生活が待っているのである。

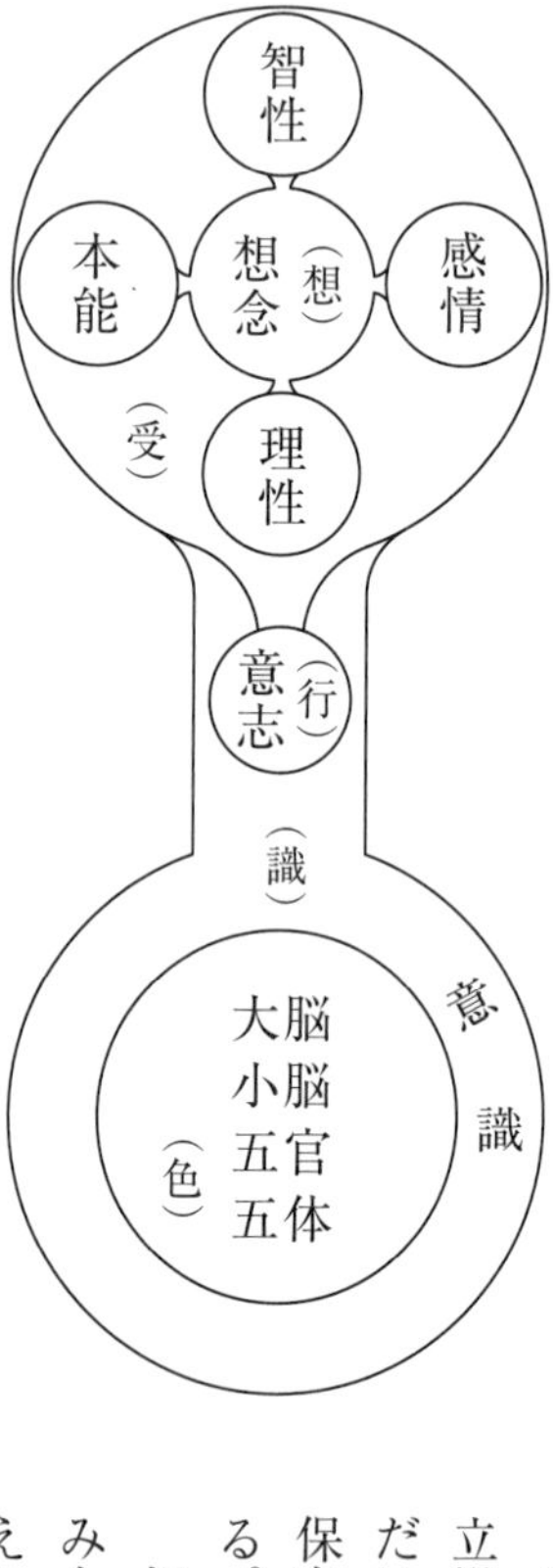

なぜなら、自分の立場に固執することだけで、すでに自己保存になるからである。

相手に対する憎しみも、自己中心に考えたときにのみ生まれてくるもの、とい

える。

心のない、形だけの尽くし方は、苦しみを生み出すだけのことで、心の荷物が倍加されるのみであろう。

自己保存も自我我欲も自己中心のため、相手というものを忘れている、一方的な、偏った考え方なのである。

このような考え方も、正しいとはいえないのだ。正しい、とは、偏りのない、中道の考えと行為をいうのである。

他人をふくめての調和された生活が、万物の霊長である人類の、果たさなくてはならない使命なのである。

偏りのない中道とは、一体どのようなものだろうか。

私達の肉体保存に欠くことのできない水は、H_2Oという分子式で表わされている。

H_2水素も、O_2酸素も、きわめて不安定なものだ。

空気中に、酸素や水素が多すぎたらどうなるだろうか。O_2酸素は、あらゆるものを酸化させ、燃焼させる。H_2水素も、アドバルーンや気球などに使用されたり、バッテリーの充電をしている時などにも出て来るもので、爆発力の強いものである。

このような、可燃性、爆発力の強いものでも、調和するとH_2Oというもっとも安定した水になってしまう。しかも、燃焼しているものを、消火させることもできるようになるのだ。

水には、酸性分の強いものと、アルカリ性のがあり、蒸溜水は中和された美しい水である。

私達の肉体的条件に適応できるのは、もっとも中和され、両極端に縁のない水がよい。体質によって酸性分の強い場合は、アルカリ性の水や、梅づけのようなアルカリ性食品のものを飲食することで体質の調和がはかれるだろう。

私達の身体を見ると、水が約七〇%近くで、構成されているのであり、生物にとって、水はなくてはならない大切なものなのである。

母なる大地を、太陽の熱、光のエネルギーとともに適温に保たせるための役目をも持っている。あるときは、結氷して銀世界を造り、またあるときは流動して、大地の清掃者となり、山水の美を造り大自然に調和されている。

またあるときは、忍者のように気体となって姿を隠し、空の彼方に居を構え、時折、獲物を狙うかのように大地に飛び込んでくる。変化自在の力を持っている。

大地の奥深くもぐり込み、母体の血液のように水脈を造り、駆けめぐって、あるものは母体の熱に温められて地上に吹き出て、人々に温泉を提供している。またあるときは、泉となって流れ出、美しい小川を造り、自ら多くの友と交わり、自らの進路を定めて行く。

友は友を呼び、類は類を呼ぶ法則に従って谷川を下り、町や村の近くを美しく流れ、塵や埃にまみれながら大河と変わり、やがて大海に入って大調和への道を造り出している。それが水だ。

空中や大海に調和されるに従って、また綺麗な水に変わってしまう。

自ら道を求め、自ら調和のなかにとけ込んで、永遠の輪廻をくり返している。それが水である。人間が造り出した大気汚染によって、この綺麗な水が地上を汚染する事態を迎えている。

私達も、心を失えば同じことがいえるだろう。行動のない実践は、架空の原則に流されやすいものだ。

自然の流れにさからうことなく、自らの力で進路を定め、大調和へと押し進んでいる水の姿を見たとき、人間の姿はどうだろうか、と考える。

人間は、水のように、勇気も智慧も努力もないのではないか。なぜなら人間は、自らの欠点に甘く、他人の欠点だけには、目くじらを立てやすいからである。

自らに打ち克つことこそ、大事なのではなかろうか。

自らの眼に映る不調和な諸現象を制し、自らの耳に入る雑音を制し、自分の都合ばかりを語る言葉を押さえ、嗅覚、味覚のおごりを制し、一切の執着を断ち、足ることを知ったならば、人生航路の荒波は柔らぎ、安らぎのある光明に満たされた大海のなかに調和されて行くことだろう。そして、たとえ大海に大調和される水も、個の水の本性は変わらないように、私達の個の生命の存在も変わらないということだ。

このように、水の流れまで私達に道を教えていることが理解されるだろう。

古代インドの頃、ゴーダマ・ブッタの説いた正しい心の教えを、ガンガーの流れが今も昔と変わらないように、内在された意識をひもとき、「正しい」心の教えとして記憶している人々も多いはずである。

水については語ったが、NaCl 塩についてはどうだろうか。

これも、生物にとっては大切なものである。

互いに両極端にある NaOH 水酸化ナトリウムの塩基成分と、HCl 強酸性の塩酸とが化合して、中和され調和された塩が生まれてくる（二二六頁の図参照）。

私達に、甘い辛いも塩加減、という言葉があるように、甘い辛いの極端も塩によって中和されてしまう。

魚、野菜などが腐らないように利用され、私達と切っても切れない縁によって結ばれているのが塩といえよう。

また、縁起をかついで、水商売などで塩をまく、という習慣もある。

このような習慣は、中和、調和が根本であるが、最近では、自分に都合の悪い人に塩をまくようになった。形より、心の在り方のほうが反発していることになっている。

しかし、塩をまくときは、人はそれになかなか気がつかない。

清める、ということは、調和する、ということだ。そのことが解っていたなら、塩をまく前に、人間同士が心を打ち割って話し合い、互いの信頼を造り出すことが先決であるはずだ。

心を打ち割って話すといったことは、自己中心の考えで、相手の心との探り合いや、自分に有利な考えだけを持っていては、不可能なことである。

自分の欠点も長所もさらけ出し、中道の心で、相手も自分も正しく見ることが、調和への一歩であるということだろう（二二六頁の図を参照）。

双方に偏りのない判断と行動、それが中道であり、大調和への道に通じるものである。

まして、権力や武力で相手を支配しても、一時の形ばかりの調和ができるだけで、混乱を生むだけだ。

肉体的な行動に制限を加えても、中道の、調和された環境はできないのである。

すなわち、肉体的にいくら制約が加えられても、船頭であるその心まで支配はできないのだ。

心のなかで納得できることが、外面的な行為として連動されなくては、本当の調和にはほど遠いものといえるのである。

神の意思である大調和は、私達に与えている熱、光の一切、大自然の調和において示されているのだ。

それは、慈悲の姿であり、愛の姿であり、神の心の現われであるということだ。

ゴーダマ・ブッタの説いた、法華経の方便にも、泥沼に咲く蓮の花が使われたように、大自然は常に私達の師といえるのである。

そしてその師は、塩の状態をとおしても、中道の調和を教えているのである。

3　環境の条件と心と行為

私達の肉体的条件について考えてみよう。

胃のなかに酸が多いと、胃酸過多になって血液まで酸性化される。そのため肉体的な不調和が造り出されて、諸病の原因を造り出すものだ。

逆に、無酸性になっても、同じことがいえるだろう。

やはり調和されたものが大事であり、食物も、偏ったものは肉体的不調和を造り出すものだ。

その証拠に、好き嫌いの多い人々には、必ず病弱の人々が多い。

それは、食べ物に対する感謝の心がないからである。

なぜなら、米も、麦も、魚類、牛肉、豚肉、鳥肉、野菜類、果物も、すべて生命を持っている。

彼らは、私達の肉体保存のため、自らの生命を提供し、万物の霊長に供養しているということを、私達は忘れてはならないだろう。

その生命を投げ出して供養している者に対しては、感謝する心はもちろん、報恩の行為が必要だということだ。

この場合、報恩とは、それを無駄にしないということであろう。

またそれを、生活の苦しい人々に対して、供養することも大切なことだといえよう。

なぜなら、私達は、血や肉や骨になってくれる、動植物を無駄にしてはならないからだ。

食事のときに、合掌して食べることだけが感謝ではない。

心と行ないに、感謝と報恩が大事だということだ。

また食物に対して、美食や食べすぎ、不摂生をつつしまなくてはならない。胃腸を始めとして、各諸器官にとっては、朝昼夕と、定まった時間の食事が大事だということだ。

寝るときになって、胃のなかに食物を送り込むことは、酷使によって胃も疲労してしまい、肉体的な不調和を造り出してしまうということだ。

胃腸は胃腸としての意識を持っており、船頭である心の判断で勝手に食べ物を送れば、彼は仕事を休んでしまうことがあるだろう。

やはり彼を大事にしてやることも、健康を保つために最も必要なことである。

また船頭である魂・意識の中心である心が病んだり、知が先走ったり、肉体舟がついて行けない場合にも、心と肉体のバランスを崩してしまうということを、私達は知らなくてはならない。

肉体も心も、色心不二だと、ゴーダマ・ブッタも教えているように、不二一体なのである。

胃腸のコンディションも、調和された心と肉体のバランスによって、安定されているということになるだろう。

私達が呼吸している酸素の量も、二一%が必要で、少なくては肉体の保存ができない。公害によって、酸素が欠乏して、肉体的な不調和を造り出している人々も多いだろう。樹木、草、野菜などが外に出している酸素が欠乏しているのである。

観光地開発、宅地造成などによって、草木を除き、自然破壊を造り出し、工場や自動車の排気ガス、飛行機の排気ガス、亜硫酸ガスというように、文明が造り出した廃棄物が原因になり、神の与えている調和ある大自然を破壊している。その事実に、私達は眼をそむけてはならないし、公害防止のための行動を起こさねばならない。

文明によって造り出した廃液などが影響し、野菜、魚類まで正常ではなくなっている。私達の肉体舟の保存も危い現実になっているのだ。

神は、すべてに調和された相互関係を与えているが、万物の霊長である人間が、それを破壊しているのである。

私達は、自らの心に眼を向けて、大自然を守らなくてはならないであろう。

嗅覚については、どうだろうか。

もし、嗅覚など必要がないとしたならば、ガス会社で事故を起こしても、私達はガスの洩れていることが解らないだろうし、ガス中毒死をしてしまう。

逆に、嗅覚が発達しすぎていたならば、どうだろうか。悪臭ばかり鼻について、これも大変であろう。生きていられないことになるかも知れない。

やはり、中道である、中ほどの嗅覚によってこそ、安定した健康を保てるといえるだろう。

仏教では、仏前に香をたく。

これは、ゴーダマ・ブッタの時代、またそれ以前からの習慣であった。

それは、人々の体臭がきつく、互いに迷惑をこうむっていたからのようだ。

特に、サロモンやサマナー達（修行者）は、森や林のなかで生活をしているため、毒虫などに襲われることが多かった。それから身を守るため、薬草や、木の実の汁などを身体に塗っていたから、臭かったのだろう。

その体臭を避けるために、香をたいて、匂いを柔らげることが、他人に対する礼儀であり挨拶であった。

水浴をしても、入浴をするということはなかっただろうから、こうした習慣が、香をたくという形式になってしまったのだ、と私の守護霊は、教えてくれた。

スカンクやいたちなどは、強烈な悪臭を出して、外敵から身を守る力を持っている。毒ガスなどでも、同じことがいえるだろう。このように嗅覚も、中道調和されたものでなくてはならないということだ。

私達の視覚はどうだろうか。

私達の視覚の範囲は、虹の七色の世界だけしか見ることができない。見えない世界のほうが、はるかに多いのだ。

空中に飛び交っている電波、赤外線、紫外線など、全く見えない。

しかし、それらは存在しているのだ。

また、私達は、自分自身の運動状態も見ることはできないだろう。こんなふうに、肉体的、物質的世界ですら、私達は満足に見ることができないし、手さぐりの状態である。

まして、次元の異なった意識の世界などは、ほとんどの人間が見ることはできない。

あるような、ないような世界を、身に感じることはむずかしいものだ。

また私達の視覚が、赤外線や紫外線、X線などをとおして見る能力があるとしたならば、美しく調和された自然界の色彩、景色も、全く異なった世界になってしまうことだろう。

人間の姿を、もしX線の眼で見たら、皆、骸骨にしか見えないのである。

それこそ、大変なことになってしまう。

やはり、極端な赤外線や紫外線をとおして見るのではなく、虹の美しい色彩の世界だけでよいのである。

私達には、調和された、もっとも良い周波数の世界だけ見えるようになっているのだ。

これも、神意というべきであろう。

一秒間に五〇サイクルとか六〇サイクルとかいった周波数を持った電灯も、一秒間に五〇回とか六〇回とか、明るくなったり暗くなったりをくり返しているのである。

高速度写真でとると、点滅の状態を、はっきりと確認することができる。

私達の眼の特徴として、ついたり消えたりしていても、残像というものがあるため、連続的についているかのように錯覚を起こしているだけなのだ。

やはり、私達の眼は絶対的なものではないだろう。

しかし、大自然の、調和された色彩だけでも見ることができるということは、幸福なことだといえよう。

これも、考えようによれば、人間に与えられている特権かも知れない。

美しく花咲くのどかな春、樹林の緑濃い日射しの強い真夏の海、山、黄金色に実った稲穂が海原のように波打つ秋の田園、また紅葉の美しさ、白銀の林や森の冬景色、色とりどりの四季の美しさ、大自然の移り変わる風景は、心のなかまで豊かにさせる。

それらを、自然のままに見ることのできる眼、それはやはり調和であり、中道であるということだ。

だがそれ以外に、「正しい」とする、偏りのない中道の生活を楽しみ、執着から離れ、自らにきびしく、他人に寛容な心を持って生活をしている人々は、光明に満ちて、神の慈愛の光に包まれるため、心の眼が開かれて行く。

そして、心の眼が開かれると、さらに大自然の美しい光景を見ることができるのである。

肉体的に不調和な内臓も、自然色のままはっきりと見ることができるようになる。

さらに、次元を超えた世界の風景を始め、あの世で生活をしている人々の生活も見えるようになるのである。

肉体から出ている柔らかい本来黄金色の後光が、紫色とかピンク色とか赤色のように見える人々は、まだまだ心の調和度が低段階だといえる。

こうした光景は、眼を閉じていても、開いていても、見ようとする意識が働けば、即座に見ることができるのである。

私の説いている正道を実践している人々のなかには、次元を超えた世界を始めとして、私達のそばにいる守護霊や指導霊の姿も、そのまま見ることのできる人が多い。

地獄霊の憑いている者達を、はっきりと確認することも可能である。

着ている物の柄から、織り方まではっきりと見えてしまうのだ。

心の不調和な人々は、暗い霊囲気におおわれ、同じような心の地獄霊達に憑依されていることが解るのである。

私達は今、三次元の立体の世界に住んでいるが、二次元の平面の世界に投影されている映像くらいは、簡単に見ることができるだろう。

それは、三次元から二次元を見渡すことができるからだ。

高次元の世界を見とおすことのできる者達は、自らの心と行ないが高次元に通じているから、三次元も二次元も見渡すことができるのである。

しかし、いかに高次元の世界から低次元の世界を見ることができたとしても、その人達が増上慢になったり、謙虚な心を失ってしまえば、丁度電波をとおさないトンネルに入ってしまうように、受信機は電波をとらえることがむずかしくなり、見えなくなるということだ。

それだけに、常に自らにきびしく、他人には寛容、「実るほど頭の下がる稲穂かな」というような生活が大事だといえよう。

そしてそれは、中道の生活以外にはないのである。

私達の体温は、どうだろうか。

やはり、三五度〜三七度くらいが、安定した体温といえるだろう。

もし、この体温が零度になったらどうなるだろうか。

凍ってしまうだろう。

逆に、一〇〇度もあったらどうだろうか。

煮えたぎってしまうだろう。

三九度か四〇度くらいの高熱に見舞われても、私達の意識はもうろうとしてしまうだろう。内臓もおかしくなってしまうだろう。

やはり、私達の体温も、適温であることが必要だということである。

気候にも、同じことがいえるだろう。

外気温度が四〇度、五〇度になってしまったら、どうなるだろうか。

現世の、炎熱地獄ということになるだろう。

逆に、マイナス二〇度というような低温が続いたら、自由な行動ができるだろうか。

外気温度は、体温より一二度〜一〇度くらい低い温度が、身体にはもっとも調和されているものといえよう。

このように、体温も外気の温度も、私達の肉体条件によって、中道の、調和された状態がもっとも良いということになろう。

風呂の湯の温度にしても、熱すぎず、ぬるすぎずというところが、一番良いのである。

やはり、身体に合った適温が良いということなのである。

大地の土壌も、酸性、アルカリ性の度合いが偏ると、作物の実りは悪い。やはり、中和された土壌が、作物には良いのである。

酸性分の強い土壌には、肥料に中和剤を入れて土壌の改良をするだろう。しかし日本の場合は、台風や降雨によって土中の毒素を流してくれるため、非常に恵まれているといえよう。

このように、土壌も調和されていなくては作物にも影響するということだ。


大気圧についてはどうだろうか。

私達の住んでいる地上は、海抜によって違ってくるが、一気圧（水銀柱七六〇ミリ）が一番安定した状態といえるだろう。

気圧が高くても、また低くても、私達の肉体条件は、それに調和しがたいのである。

低気圧であっても、逆に気圧が高くても、肉体的条件は非常に不安定だということだ。

私達の生活の上においては、気圧もまた、中道で、調和されていなくてはならないだろう。

受信機の回路についてはどうだろうか。

放送局から発信されている電波を受信するときには、電波と受信機の周波数が一致したときが、最高に感度の良いときなのである。

ダイヤルの針が、希望の周波数の左右いずれにずれても、電波を綺麗に受信することはできないだろう。

精密な受信機ほど、ダイヤルの指針も精妙であるが、並四球と呼ばれたラジオで受信した場合は、ダイヤルの指針も非常にラフなものである。

周波数が一致したときの受信機の状態は、入力が大きいということだ。

このように、受信機も調和されない限り周波数と一致しないのである。

私達の心の調和度にも同じことがいえよう。

受信機にも性能の差があるように、人間の霊囲気も、人それぞれによって精妙さが違ってくる。

中道の法を心の物差しとして生活し、丸く豊かな心を持っている人々と、ひとりよがりの不調和な心の人々とでは、意識界の段階において、大きな差が生じてくるのである。執着によって造り出される苦しみの度合いも、自らの心の状態によって造り出されたものといえるのである。


思想について考えてみよう。

現代社会の思想を大別すると、資本主義と社会主義に分かれてくるといえよう。

しかし、いずれの主義も、心を失っている。

それは、思想の根本が、物質経済になっているからである。

人類は自ら造り出した物質文明によって、より豊かな環境を造り出そうとした。ところが結果は、偉大な心の尊厳を忘れ去り、形式的宗教に心のよりどころを求めたため、生活のなかに習慣のなかにそれが根を下ろしてしまった。

それは、自力を忘れて、他力本願の自己陶酔に陥った結果といえ、それが人々の心を支配したからである。

財産や経済力が幸福を得るためのもの、という人生観に変わってしまったとき、人間は、自らの心の偉大さを置き忘れてしまったといえるのだ。

そして、自ら、足ることを忘れ、欲望の海に押し流され、身も心も泥沼のなかであえいでいるということである。

それは、人類が、自ら造り出した〝業〟である。

この地球は、ムー大陸、アトランティス大陸の陥没など、幾度かの天変地異を体験してきた。人間は、肉体を持って生まれてしまうと、この世だけだと思い込み、自我我欲の一生を送ってしまう。天変地異は、そうした人類に対する、その時代時代の人々への神の警告であったのである。

人類が、この地球という場を修行場として選び、他の天体から移動してきた当時は、地球は非常に調和されたユートピアであった。

人々の心は、神の子としての自覚に目覚め、実在界との連絡も自由にできたようだ。

しかし、種族が増えるに従って、それぞれの種族保存の自我が芽生え、肉体的同族のグループは、共同体から分離して行き、やがて自らの生活の場を確保するための境界が造られて行ったようである。

そして、種族の分裂によって、またこまかく分かれ、生活区域が確立するにつれて、対立もまた生じたのであり、部族の長がそれぞれの部族を支配するに至ったのである。

しかし、原始共産体制は、自然から生命を守るため、互いの協力が必要であった。

人間はそこでいろいろな生活手段を考え出し、それに従って遊牧の民となり、農耕民族ができ、漁民ができるといったように、生活の場が広がって行った。だが、生活の場が広がるに従って、人間は互いに疎遠になって行き、人類は皆同胞だということを忘れて孤立して行ったのである。

部族が大世帯になる。すると豪族が生まれる。弱い部族は亡ぼされ、強い者は、侵略によって自分の領地を拡大して行くのであった。

同族間にも争いが生まれ、その闘争が武将を生み、やがて封建社会が造られ、きびしい階級制度を確立するといったことになる。

武力による戦乱が続く。弱い者は支配され、武将は勢力を拡大して行く。戦闘力の優劣が勝敗につながり、武力の強い者が、やがて国家を統一して行く。

この頃から、封建制度はさらにきびしい階級制度を造り、その支配力をゆるぎないものにして行くのである。

底辺の大衆は、その武力や権力の犠牲となり、きびしい生活に甘んじるということになる。武力は、弱い者達の自由を奪い、行動の自由にも制限を加えるようになって行ったのだ。

日本における一向一揆などを始めとする農民一揆などは、この弱い者達の団結による闘争であった。そうして権力者に抗しなくては、生きて行く道を閉ざされてしまうほどの悪政であったといえる。

しかし、その間にあって、商人達は、武器や食糧や衣類などを武将達に売り、商売によって経済力をたくわえていた。

あるときは、スパイになり、情報まで売って、敵味方の見境なく、商法を駆使して財を蓄積して行ったのであった。

闘争に明け暮れている武将達は、商人のよいカモとなり、やがては経済力で、逆に商人に支配されるという破目になる。

ここに、ようやく、資本主義の芽が生まれ出てくるのである。

そして、経済力は大衆を支配して行くが、大衆はそのなかで、自由に目覚め、水を得た魚のように団結という組織を生んで行く。

武力は、大衆を支配してきたが、大衆の行動を制限することはできても、その心を支配することはできなかった。そして、自らの不調和な、おごれる心によって自らを亡ぼしてしまったのである。

彼らも、人の心をつかむ努力を怠ったのではない。誤った宗教を利用し、悪徳のその指導者と組んで、大衆をあざむき、心の束縛をはかったことはあったのだ。

しかし、正しいものではない、でっち上げの宗教、他力本願宗教、人間の造り出した偶像では、所詮、人の心を救うことはできなかった。

カール・マルクスのように、宗教は阿片である、ということに大衆は気がついてくるのである。

正しい神理に適ったものであるならば、人々の病める心を救うことはできるだろうが、人間の智恵によってでっち上げられた宗教で人を救うことはできない。

また、そんな宗教に騙されるということは、私達の意識まで腐らせてしまうことである。権力者や貴族が、悪徳宗教家達と組んで、大衆を犠牲にするような宗教は、阿片より恐ろしいものだろう。

太陽の熱、光は、すべてに平等であり、神の慈愛の現われである。

そして、宗教は、一部の特権階級の独占物ではないということだ。

大衆はしかし、自由の目覚めとともに、社会主義思想が人々の心のなかに生まれ、やがて行動に移って行くのである。

しかし、社会主義経済も、物質経済が基本であり、彼らも武将に代わって武力で支配するようになった。

自ら、団結といいながら、階級闘争のなかで、自己の立場を守るためには、他人を陥れることもする。

思想の統一をはかるためには、きびしい弾圧をくり広げ、やがて、彼ら自身の内部にも不満が生まれてくるのである。

彼らは他を信じることができないため、心の安らぎを失い、いつ権力の座から引き下ろされるか解らないきびしい環境に生きている。

今日の友は、明日は人民の裏切者の烙印を押されて失脚してしまう。

人民という名を騙《かた》って行なった独裁者の主義主張は、やがて自らの不調和な行為に比例して、反作用が返ってくるのだ。

自らの正しい生活行為のなかから、人民の平和な生活を考え、身を犠牲にしても大衆を救おうとする、心に生きる指導者こそ、本来の神の子といえるだろう。

勝てば官軍、負ければ賊軍ということわざがあるが、その争いそのものが、万物の霊長のなすべき道ではない。それは万物の霊長に進化する過程の動物の行為である、と自覚せねばならないだろう。

人民大衆に団結を呼びかけ、権力者や資本家達とともに闘争をあおっている指導者は、それだけで失格である。そして、その心のなかに権力欲や自己保存の心が芽生えたとしたなら、それはすでに大衆を偽っている者達なのである。

「正しい」心を持っている指導者であるなら、闘争のむなしさを悟っているだろう。

指導者は、人民大衆を偽ってはならない。

争いは、自らにはね返ってくるものだからだ。

作用、反作用の法則を知っているならば、それは、自らの心に不安となり、苦しみを造り出すということだ。

正しい考えであるならば、人は、皆ついてくるであろう。

闘争と破壊によって犠牲になる者は、人民大衆ではないだろうか。

階級闘争によって、文明は発達して行くのだと教えている思想家達は、公害という不調和な毒物を造り出している共犯者であるだろう。

働ける環境に感謝する心こそ、大切なのではなかろうか。

感謝は、自らの環境で一所懸命に働き、報恩という行為によって示さなくてはならないのである。

もちろん、資本主義者を自認する指導者達も、大衆に対する考え方を変えなくてはならない。

大衆は、彼らに対して、働く場所を提供して貰ったことへの報恩を、実績を上げるという行為によってしているはずである。

彼らは、その働く人々に対する感謝の心を、環境改善、職業病排除など、行為によって現わさなくてはいけないのである。

指導者はそして、自ら、働く人々との対話を持つべきである。指導者らしい人間性が大切ではないか、ということである。

いずれにせよ、互いに牽制し合っていては、心と心の調和にはほど遠いといえよう。

資本家には、品性も教養も必要であるが、何よりやさしい心遣いが必要だといえる。

正しい中道の指導が大切だということだ。

闘争のくり返しは、労使互いの首を絞めてしまうということである。

すべては、心が優先なのである。

心の交流が途絶えたとき、信頼は失われてしまうのである。

今は、社会主義者も、資本主義者も互いに心を失っているのではないだろうか。

それぞれが、自らの心をだ。

「正しい中道」を心の物差しとして生きることこそ、労使の調和を生む、ということである。

人間は、心を失い、物質文明の奴隷になるに従って、人間性を失っていく。ノイローゼ患者が増えているのもそのためといえる。

ある者は、心不在の肉体舟を不調和な地獄霊に支配され、自分で自分を制御することができなくなっている、そんな人も多いのである。

すなわち、自分であって自分でない人々だ。自分以外の者が、心のなかでささやく。こんな人々は、一〇〇％地獄霊に憑依されているのであり、分裂症というべき人々である。分裂症や躁鬱症の人達は、ほとんどが、自らの小さな心のなかで、自己を失っている人達なのである。

心のストレスが、不調和な地獄霊を呼んだということである。

この原因は、小さい頃からの家庭環境、両親の教育、愛情過多、愛情不足などから発生し、また、自らの心に小さな枠を造ってしまった人達自身にあるのである。

正しい中道の生活を忘れ、恨み、妬み、そしり、怒りなどを心に持った人達で、他人ばかりが悪いと思う、自らに反省のない人間の哀れな姿といわざるを得ない。

情緒を失い、狭い、自らの造り出した心の世界から、脱け出すことができない人々なのである。

自信をとりもどすこと、自らの不調和の原因をとり除くこと、心の修正をすること。これをしない限り、それらの人々は、その病から救われることはないのである。

〝中道〟という心の物差しで、過去の誤りを、勇気と決断をもって修正する。そのとき心の曇りは晴れて、不調和な地獄霊から解放されるということだ。

そして、正しいという、その基準は、大自然のルールが私達に教えているのである。

極端な考え方を捨てて、中道の道を歩むことこそ、自らの心に安らぎを生まれさせる何よりの方法といえよう。

先に述べた八正道、この道こそ、自らを正す人間の心の方法論であり、近道なのである。

4 心とか精神の実体はあるのか

標題の質問は、ある宗教団体の、青年部の幹部の一人からのものであった。

曼陀羅の前で、朝夕、経文や題目を上げて勤行をしている人で、狂信者の一人であった。

彼らは、釈迦の仏教はすでになく、日蓮上人こそ末法の世を救う方であるという。しかも彼らは、中国の天台大師の説いた法華経、さらに伝教大師によって日本に伝わってきた法華経、その経文を上げながら、一時借用しているのだと教わっているそうだ。不思議なものである。

指導者達は、いろいろなことをいって、彼らの主義をまことしやかにでっち上げているそうである。

それはもはや、仏教などとはほど遠い、末法の世の教えだと痛感せざるを得ない。

仏教哲学などといい、知だけが先走り、心など全くないのである。

他の宗教を邪宗と決めつけ、信者には罰が当たると脅迫し、自らの心にまで足枷をはめた、それは哀れな人々である。

信者もまた罰など当たるはずがないのに、恐ろしがっているのだから、呆れたものだ。

宗教など信じていない人々が幸福であるのに、そうした宗教を信じている者達の心は、安らぎなどみじんもないのである。

何人折伏すればあなたの業がなくなる、とかいわれれば、欲望のある者は一所懸命になる。

そうした信者の姿こそ、哀れである。組織の細胞になっているため、自分自身、何も解らなくなっているのだろう。信仰することによって、むしろ苦しみと疑問の渦のなかで、この人生を送っているのである。

そうした疑問も、罰が恐ろしくて持てないという指導者も哀れである。

質問者は私にこうもいう。

「あなたには、拝む対象物がないではないか。私にはそれがある」

私は、それに、逆に、

「あなたは生まれてきたとき、裸でしたか」

そう質問した。すると彼は、

「それは裸ですよ」

と返事をした。私はいった。

「あなたは、生まれてきたとき、曼陀羅をぶら下げてきたのかと思いましたよ」

講演会の出席者達は、そのやりとりに大笑いをした。

「男性だから、ぶら下げてきたのは別物だろうからなあ」

とひとりごとのように続けて冗談をいったからである。

神は、私達に、すでにすべてのものを与えてくれている。もし、曼陀羅などが私達に必要なものであるのならば、神は私達が生まれてくるとき、それらを与えてくれたことであろう。

人間の造り出した印刷物や彫刻物をご本尊だといえる人々は、仏教の根本を知っていないといえる。

ご本尊が神であるならば、金で買えるわけがないだろう。

問題は、拝むことが大事なのではない。経文の意味を良く理解し、心を正して生活することが大事なのである。

正しい心で生活していれば、私達は、誰でも幸福になれるのだ。

自分を失って組織の細胞になってしまうと、正しい言葉にも耳を傾けなくなってしまうものだ。

ひとりよがりは、もはや無知というしかないのだが、狂信、盲信に陥ると、そうなりがちなのである。

罰は、正しい心と行ないを忘れて生活をしている人々が、自分で造り出すのだということを知らなくてはならない。

ご本尊が、罰など与えるであろうか。

もし、善人に罰を与えるようなご本尊がいるとしたら、それはもはや神でも仏でもない。そんなことをするのは魔王か阿修羅か、動物霊くらいのものだ。

しかし魔王達も、心の美しい人々を侵害することはできない。

なぜなら、正しい心の人々には、心に曇りがない。神の慈愛の光に満たされているため、彼ら魔王達も、近づくことができないということだ。

類は類を呼ぶ法則に従って、薄暗い太陽の光の射さないところは、どうしても不潔になる。こうしたところに水たまりができると、蚊や蝿の発生のもとになるぼうふらやうじ虫が湧く。

そんなところが、あの世でいえば地獄界である。

じめじめとした薄暗い世界、そこが、魔王達の住家なのだ。

地獄霊達の心が、霊囲気を曇らせているからであり、慈悲と愛の光をさえぎっているからだ。

太陽の熱・光に満たされているところには、美しい草花があり、美しい緑がある。大自然はそれらに明るく飾られている。

このようなところには、蝶や蜜蜂が群がって、心に安らぎを与えるものだ。たとえ、うじ虫が発生したとしても、太陽の熱と光によって生きてはいられないだろう。

また、題目を上げれば死者が成仏する、といっているが、果たして、本当にそう考えているのだろうか。それとも、想像でいっているのだろうか。

題目を上げて死者が成仏するなど、とんでもない話である。

私達のグループのなかには、すでに正道を生活のなかに実践して、観自在となり、あの世の地獄へも、天上界へも行き、自由に見てくる者達もいるのである。

亡くなった人達が、今どこにいるかも解ってしまうのだ。

その証拠には、死者が地上界で生活していたときのことをくわしく質問者に答えるし、またその生きていたときの姿も見え、説明できるのである。

フェイス出版社のS社長は、あらゆる宗教を取材してきたベテランである。

その人が、驚いたことがある。それは、今は亡き社長の父親が、私達をとおして現われ、氏と、生きているときとそっくりの声で話し合ったからである。

その事実を、そのとき講演会に出席した人々は皆知っている。

このような例は、数え上げたらきりがないほど、実証ずみなのである。

トランジスターを応用した良い受信機は、あらゆる国々からの放送をとらえることができる。

私達も、そうした機械に似て経文がなくとも、また仏前とか神前などでなくとも、あらゆる世界のことをとらえることができるのである。

並四球の受信機は雑音があるし、混信はあるし、局も近くのものしか受信できない。

電波を入れてからもなかなか選局ができないように、人それぞれの心の調和度は、この受信機のように大きな差があるということを知るべきだろう。

ラジオはそして、どこの国へ持って行っても、その国の言葉で喋るだろう。

私達のグループは、古代インド語や、遠い過去のアトランティス帝国や、太平洋に沈んだムー大陸時代の言葉から、現代に至るまで、過去世の言葉で語り出す人々が多いのである。

それは、生命が転生輪廻していて、私達の意識のなかには、その過去のこともすべて記憶されているからである。

そのテープレコーダーを、自らの心の調和度により、スイッチを入れることができるか、できないか、その差で過去世が思い出せるか思い出せないか、ということである。

これもすべて、心と行ないが、その能力を決定するのである。

では、その心とは、精神とは、どのようなものであろうか。

私達の心は、肉体舟の船頭である意識の中心で、船頭の頭脳といったら良いだろう。

まず、私達が嬉しいときには感激し、また悲しいときに胸にこみ上げてくるものがあるだろう。

こみ上げてきてから、私達の眼に涙が出てくるのである。

これは、心の感情の領域が、心の中心にある想念や智性や理性の領域の作用によって、肉体的現象となるものなのである。

怒る心が出てくると、感情がふくらみ、顔色が青くなったり、赤くなったり、またこぶしがふるえたり、身体が固くなったりするだろう。

つまり、肉体舟にも、船頭の心の動きが、そのまま現われてくるのである。

船頭が感情的に舟をこぐと、舟はどんなことになるか。

進行方向を間違えたりすることもあるだろう。つまりそれは、私達の感情の乱れが、肉体的不調和を造り出す原因になるからである。正しい判断ができなくなってしまうのだ。

感情が静まらない限り、正しく語ることも聞くことも、見ることも念じることもできないのである。

感情的になるということは、自分に都合の悪い言葉や自分に都合の悪いものを見たりした場合、爆発することなのである。実際そんな人々が多いだろう。

これは、中道ではない。

自己保存の心が強いから、そうなるのだ。

相手のいうことを、第三者の立場で冷静に聞いたり見たりしたなら、正しい判断ができるはずだ。

もし相手の誤解によってできた感情のもつれであるならば、その誤解をとくことが大事だし、何人かの人々を経て伝わってきたものかどうか、正しく納得できるまで判断することが大事であろう。

相手が感情的に怒りをぶつけてきても、冷静な判断で正しく聞き、正しく語らなくてはならない。

もし、相手の感情的言動に惑わされて、自分自身も感情的言動を使えば、相手の毒を食べたことになるだろう。

それは、自らの心に暗い曇りを造り、自らの霊囲気を不調和にしてしまうということだ。

この毒は、心身に回ってしまう。そして、怒りや苦しみとなって現われる。

私達のグループの者は、過去世において親しかった人々と、たとえ何千年前の友人であっても当時の言葉で語り合える。そして感激に胸がつまる、という体験を持つ。

講演会のときである。

Y・S、三十三歳が、心の窓を開いたときのことであった。

彼は、早大の大学院で哲学を学んだ人だが、人生について多くの疑問を持っていた。たまたま伯母に当たるカリフォルニアに住んでいるミセス・ブラウンの紹介で、知り合った人であった。

Y・Sは、神理の講演を何回か聞き、生活が調和されるとともに、今から二千五百有余年前の言葉で語り出した。

ポコラ　パラ　カリ　パラセレ　パラパラ
チコラ　パラ　カリ　パラセレ　パラパラ
…………

と、自分が、ゴーダマ・ブッタの弟子、パラナッシーのヤサというアラハン（羅漢）であることを語ったのである。

私も、インドの頃は、ヤサと同じ、サロモン（修行者）で親しかった間柄であったため、講演会にいた多くの聴衆の前で、手をとり合って当時のことを語り合ったものであった。

このような感情は、私達の意識に潜在されている「マハー・パニャー・パラー・ミター」すなわち般若波羅蜜多が湧き出してくるからだ。

マハー・パニャー・パラー・ミターは内在された偉大な智慧に到達するということである。

なつかしさで、人前であっても、恥ずかしいという気持は起こらないのだ。

恥ずかしいという感情も、自己保存なのである。人前に出ても、心に嘘がないならば、恥ずかしいという心的作用が起こるものではない。

これは人前で、自分を飾ろうとする心が、恥ずかしいという苦しみを造り出すのである。

自己保存なのである。

また、食欲や情欲は、本能と感情が作用する場合に起こってくるものだ。

たとえ、片思いであっても、私達の心のなかでは、人間本来の、神から与えられている本能と感情が燃え立ち、心のなかにざわめきが起こるのである。

それが、肉体的にも現象となって現われてくるのだ。

思っただけでも、すぐに肉体に現われるし、心が燃えるのである。

このとき私達の体はピンクの光でおおわれる。後光の色が変化するのだ。

怒りのときは、血の色のような、炎のような後光が人々の身体から出ている。

このような現象の一切は、私達の意識に記録されているのである。

私達は、それゆえに、足ることを知って、本能と感情にブレーキをかけなくてはならないだろう。

このブレーキが、私達の理性の領域なのである。

食べる物などは、腹八分とはいっても、美味しいものは本能的につい腹十二分に食べてしまう。

しかし、酒にしてもタバコにしても、やめようとすればやめられるものだ。

理性をしっかり持って、強い意志を働かせれば不可能ではないのだ。

だが人間は、自分自身に甘いために、つい本能、欲望のままに生きたいと思ってしまうのである。

小さな子供達は、なかなか理性も意志も利かないものだ。

私達の心のなかのそれぞれの領域は、成長するに従って、自分なりに智性を通して悟って行くものである。

生まれたばかりの乳児は、母乳やミルクを自然のうちに飲むようになる。

これも、前世で食生活をしていたから、教えられなくとも食べるようになるのである。

そして、月日を重ねるに従って、五官が働くようになり、欲望が出てくるのだ。

自我の芽生えともいえよう。

欲望と本能の領域の目覚めだ。しかし、まだ理性が良く働かないから、やたらに自我をとおそうとする。

この頃から、良い環境や、両親による、偏りのない中道の教育が必要になってくるのである。

人生の体験がないから、智性は五官から受けたものや、教育によって豊かになって行く。

幼稚園に通う頃には、善悪の判断が少しはつくようになる。そして、友達やその家庭の習慣などを見聞することによって、自らの智性を磨いて行くようになる。

親の、子供に対する躾《しつけ》のもっとも重要な時期である。溺愛は良くないし、きびしすぎても子供の心を閉じさせることになる。

このように、いろいろな現象をとおして、理性の領域が磨かれ、私達の表面に出てくる意識が、次第に上昇して行くのである。

しかし、表面意識は、一〇％くらいしか出てこない。

ちょうど氷山の一角といわれている水中の氷のように、意識のほとんどは潜在され、九〇％が内在されているのである。

この一〇％の表面意識も、五官をとおして、あらゆる現象を、見たり聞いたりするが、なかなか正しい判断ができず、自我が表面に出て自己本位になり、その心のなかに暗い想念を造り出してしまうのである。

正しい中道の道は、この一〇％の表面意識の物差しにもなるのだが、なかなかその道を守れないのだ。

自ら、欠点の修正に、勇気と決断を持つこと、それが大事になるのは、こうした過程による。

私達は、このため、心と行ないを正さなければならないのである。

欠点を修正して、丸く豊かな心を造り出して行けば、心のなかは常に円満であり、生きている喜びでも自然にわかるようになるのだ（三四二頁の図参照）。

しかし人間の多くは、これに反し、知識が豊富になり、地位が高くなったりすると、自尊心とかいう不思議な化物にとり憑かれ、かえって心に歪みを造って行くようになる。他人に対して自分を売り込んでみたり、悪口をいったり、欺いてみたり、人間とはまことに愚かしい者達である。

よく考えてみれば馬鹿々々しいことだが、知や意だけに走り、神の子である自分の本性を忘れてしまうのである。

智性がいかに豊かであっても、心の調和を失った人々は、人格者とはいいがたい。それは、偏った人間だからである。

情緒を失って殺伐たる人生を送っても一生、常に足ることを忘れ、欲望のままに生きても一生、一切の執着から離れ、八正道の生活をしても一生である。

しかし、同じ一生であっても、その心の広さにおいては、たとえれば大宇宙の器と、ケシ粒ほどの器ほどの差が生じるということを、私達は知らなくてはならない。

それぞれの結果は、自らの善なる心が裁く。この世を去るとき、自らの行為と想念は、自らが裁いて結論を出さなくてはならないのである。

私達グループの者の心眼で、他人の心の形を見ると、仏教でいう一念三千の表現のよ

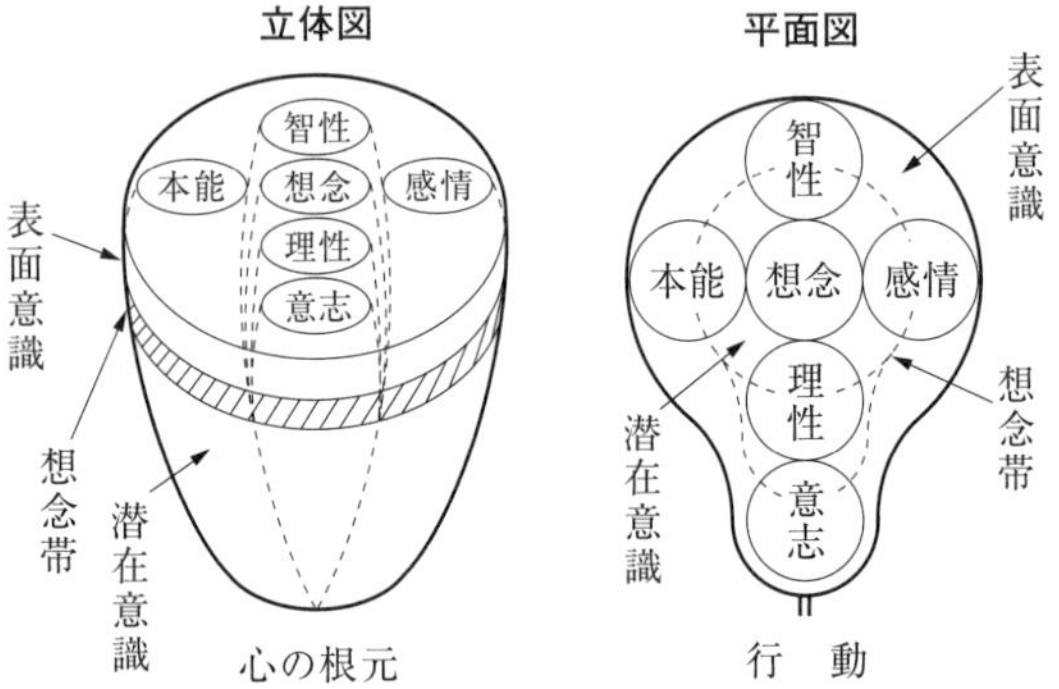

（図解説明）

心の姿は本来丸く大きく、そして風船のように立体的なものだが、心の内部の機能を説明する場合は、上の図のようにすると理解し易い。平面図は心を上から見た図で円の中心に想念があり、左右上下に本能、感情、智性、理性、意志がある。表面意識と潜在意識は、想念帯（点線の部分）という想念が記録された壁でさえぎられている。表面意識と想念帯が浄化されると、想念帯の壁が崩れ、心の内部の潜在意識が表面意識に流れ出し、これまで学んだことのない過去世の言葉や智慧が生じてくる。心の立体図をみると分かるが心の根元部は想念をはじめとして本能、感性などの各機能が一つに集約されてしまう。各機能は表面意識ではそれぞれちがった形で働いているが、心の中心部にくると、すべてが調和され、慈悲、愛、智慧、建設、義務、責任、使命といった神の子の己に帰り、人間と大自然の仕組みが理解され、神の恵みを心からうけることが出来る。

宇宙即我の大我は心の根元部に表面意識がつながり、発現された姿である。

うに、その形態はまさに多様に分類される。
顔や形が異なるように、その心の形も違うということである。

第四章　天と地の架け橋

1　原子体と心の領域の秘密

私達が、実在界すなわち四次元以降の天上界から生まれてくるときは、誰でも丸く豊かな広い心を持ち、感情も智性も本能も理性もそして自らの意志も、一切の諸現象も、ものを造り出す想念の領域も皆調和されて、神の子としての自覚に目覚めていた。

生まれる前は、この現象界、地球上に出てくるための修養所のようなところにいる。肉体舟を提供して貰うための約束は、両親とすでにできている。そのため、精子と卵子の調和する期日が予定され、待機しているのである。

生まれる場所、環境、肉体的条件など、すべてが計画されており、この地上界の思想、習慣、そして何をなすべきかを、誰もが知っている。

実在界においては、皆大人であり、人によっては、前世の地上界で不調和な一生を送ってきたため、きびしい地獄界で修行し、そこで悟って天上界に生まれ替わった者達もいる。

そして、再び地上界へ出るための準備を整えている期間、出る者の眼には、地上界の人々の状態、両親になる人々の生活環境などがはっきり見えている。

しかし、不安の心は、誰にもあるようだ。

というのは、地上界の人々の心のなかから神の心である〝法〟が遠のき、誤った生活をしているので、出生してから、神の子として自覚することがむずかしいからである。

先に肉体舟を持って生活をしている光の天使達でも、自らの宗教的環境で、教祖や生き神様になり増上慢になってしまった者もいる。

そんな生活を見ているため、やはり地上界は、きびしく、固体的で不安定なところであるとよく理解もしているからである。

天上界の人々はまた、先に肉体を持って出ている者達が、実在界にいるときに約束して行ったことを忘れ、欲望の生活にひたっているのを、映画のスクリーンを見るようにして悲しんでいる。

それは、その連中の心が曇っているので通信ができないし、哀れなその人間を眺めているほかないのだ。

私などは、特にきびしい生活環境に生まれているから、実在界の者達もはらはらして見守っていたようだ。

実在界の修養所に入っている者達は、ほとんどが、迷い苦しんでいる気の毒な者達を救ってやろう、地上界へ出たら、こんな職業を持って生活し、このような方法で悟ってやろう、そう互いの友人達と約束もするし、生後のことまで計画して出てくるのである。

実在界の大指導霊や光の天使達もこの地上界に生まれて来る時は、人生に疑問を持ち、なるべく悟れるような環境を選んで生まれてくる者達が多いのである。

経済的に裕福であると、自分の思いどおりになってしまうから、人間はどうしても堕落しがちだし、またあまりにも貧乏だと、心まで貧しくなり、自分を失い、世を呪い、人を恨み、人生の失格者になってしまうおそれがある。

プロの宗教家に生まれると、旧来の間違いを犯してしまう場合が多いため、まずそんなところには生まれてくることを避けるものだ。

私の指導霊は、イエスがイスラエルに生まれたとき、左官職のヨセフやマリヤを選んだのは「人生に疑問を持つためだ」という。

「なぜ、人間は病気で苦しむのか」「なぜ同じ人間でありながら、権力者と人民の差別があるのか」といった「なぜ」という疑問にぶつかることのできる環境を選んだのだ、と説明するのである。

このように、この世に「生まれてくる」ということは、実在界から見れば、一時の死、ということになるのである。

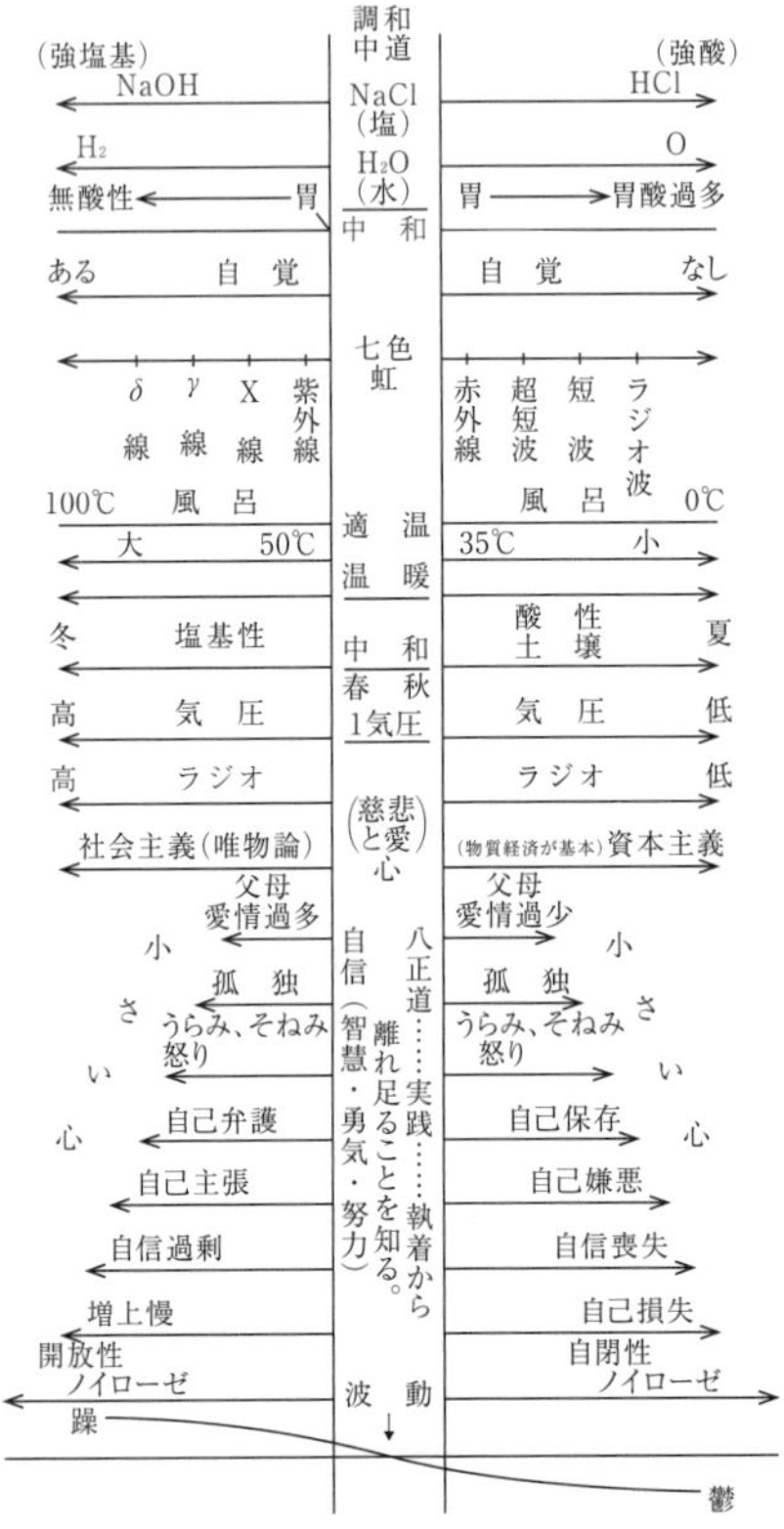

実在界では、光子体ともいうべき肉体を持っているが、この地球上の現象界は、原子体によって肉体が構成されている。

原子体の母体に、精子と卵子が調和

されて、新しい肉体舟の細胞分裂が始まり、五体が形成されて行く。

このときの心の状態は、神の子として、豊かな心を持っている。

三カ月くらいになると、約七センチから十センチくらいに成長して、五体が形造られて行く。このときに、子供の意識が支配にかかり、母親の意識と調和されない場合〝つわり〟という現象が現われてくる。

これは母親の意識と、子供の意識が調和されないために起こる現象である。

また、子供の意識のなかには、過去世の現象界で食べていた物などによって、母親とは異なった好みがあるので、母親の食べ物まで変わってしまうことがたびたびあるようだが、これは不思議ではない。

母体という肉体舟を、二人の意識が支配するため、感情の乱れが起こることもあるということである。

しかし、母体を支配している母親の意識は、一応この現象界において人生の体験をしているから、それぞれ善悪の想念を持っているが、子供の意識は神の子としての自覚を持った丸い豊かな広い心を持続している。だから、相克が起こることもあり得るのだ。

心の窓の開かれている、次元を超えてみることのできる者達は、子供の意識や、その守護霊もはっきりと、心の眼で見ることができるし、話すこともできるのだ。

母親と子供の意識が調和されると、〝つわり〟現象も治り、へその緒をとおして栄養をとり、胎児は成長を続けて行く。

しかし、その胎児も、実在界の修養所にいるときは、立派な大人であるということだ。

十月十日《とつきとおか》、月満ちると、やがて子供は生まれ、空気にふれるとともに、その人生の一歩は始まるのである。

しかし、実在界から離れ、子供として転生した人間の意識は、一〇〇%潜在して、自覚することは不可能になってしまう。

あの世から見れば、それは死である。

その行手には、次元の異なった現世への一歩、きびしい修行が待っているのである。

だが、潜在している意識、その中心である心のなかには、すでに本能が芽生え、母乳を自ら自然のままに飲むようになって行く。

生後一、二週間後くらいから、一人で笑うようになる。

このときは、乳児のそばに、実在界の魂の兄弟や友人の天使達がきていて、人生の一歩を祝し、語り合っているのだ。

その姿を、私は心眼ではっきりと見たことがある。

乳児は、寝顔を見ても純真、罪も汚れもない美しい姿である。

やがて自我が芽生え、欲望を造り出し、教育や環境、習慣などによって、子供の心は、次第に歪みを造って行く。そして、それは、苦しみの原因となって行くのである。

やがて、潜在されている意識は、五官をとおして次第に表面に現われてくるが、まだ子供である。

十歳、十五歳、二十歳と、社会の諸現象をとおして、徐々に智性が発達し、一〇％くらいまで表面意識も目覚めてくる。

しかし、心の曇りは、人生の在り方を忘れさせてしまう。年頃になるにつれて、異性を意識するようになり、自我が、欲望が、心のなかに、芽生えてくるのである。

五官でとらえられたものが、大脳に送られ、脳波の振動が、肉体の船頭である意識に通信されて、心のなかにいろいろな状態を造り出して行くのである。

子孫保存の本能と、感情が大きくふくらみ、智性や理性の領域は小さくなってしまい、ついには、「あばたも笑くぼ」になり、青春の苦しみ、喜びを体験し、正しい判断を欠いてしまうのである。

また、自らの生活行為の不調和によって、身体をこわすこともあろうし、心の不調和によって身体をこわすこともあろう。

こうしたことも、実は反省の機会として神から与えられているものなのだが、私達は、ついそれを忘れがちになる。

人生における失敗も苦しみも、本当は心を豊かにするための学習なのである。

もしも失敗や苦しみがないとすると、苦しみ、悲しみの〝にがさ〟を本当に知ることが出来ない。

これは善と悪についてもいえることなのだ。

善だけがあって悪がなければ、悪も解らないし、善の良さも解らない。善と悪があって、善の良さ、悪のみにくさが理解できるのである。

私達のこの地上における修行の第一の目的は、己の業《カルマ》を直すことである。

業《カルマ》の修正は、善と悪が混合された環境でないと理解できない。

あの世では、悪の結果が、ただちに現われてしまうために、業《カルマ》の修正がむずかしい。

そこでこの世で己の心の豊かさを造るために、さまざまな経験、学習をしていくのである。

私達の心は、こうして、苦しみや喜びをとおして、ある者は歪みを造り、ある者は豊かな慈愛に富んだ広い心を造って行く（三四二頁の図を参照）。

恨みやそねみ、怒りなどを持つと、必然的に、心の不調和や肉体的不調和を造り出してしまうということである。

すぐに感情的になる短気な人の心は、感情の領域が大きくふくらみ、理性の領域が小さくなってしまうのである。

これを、心の歪み、といっている。

船頭に歪みができるのだから、当然、肉体舟にも歪みができてくるだろうということだ。

このように、私達の心というものは、生活の諸現象をとおして、一秒一秒、変化しているのである。

理性は、智性の状態によって、ブレーキの状態が違ってしまうものだ。

智性は、人生体験や学問によって、豊かにすることができるが、心を失ってしまった思想や他力本願の宗教などは、逆に、理性を、ノン・ブレーキにしてしまうことが多いのである。

思想や間違った宗教は、意識まで腐らせてしまうため、かえって苦しみの原因を造り出してしまうということだ。

それは、心を失い、正しい中道の想念と行為が解らないためにそうなる、といえよう。

2　神は供物を要求するか

「永い人類の歴史には、神の名のもとに、犠牲を供養したり、作物を供養したり、金銭を供養したりする習慣があろう」

この質問者は、熱心な新興宗教の信者である。

しかし、その信仰については、布施、供養の問題について、大きな疑問を持っているようだ。

その内容は、

「ご神体なるものの前に、供物を山ほど積み、立派なお膳を供え、何々の神、お気に召した物がございましたら、おとり上げ下されたく云々と毎月、月並祭と称して、信者を集め、お浄め料、お浄めのお札、供物などを供えさせる。神は、このような要求を信者にするものであろうか。お教え願いたい」

というものであった。

亡くなった直後の肉体祖先の前に、感謝の心を捧げて花や食物の供養をする、それは良いことだ。

なぜなら、死亡したばかりの者達の多くは、この地上界での生活の延長を意識している者達が多いからである。

そのため、食事という問題については、彼らも希望している場合があるからだ。

しかし、内臓疾患などによって、この世を去るとき、食事もほとんどのどをとおらなかったような者達に、供養しても無駄である。

彼ら自らが、なぜ死ななければならなかったか、ということが理解できない場合、そのほとんどが地獄界に堕ちてしまう場合が多いからである。

そういう者には、死に対する原因と、人生における行為と心の在り方を、正しいという心の規準で、その誤りを教えてやることが大事なのである。

それに、いかにむずかしい経文を唱えても、生前に解らなかった人々が、死んですぐ解るわけはないのだ。

彼らに解りやすい言葉で、一切の執着から離れる方法を教えてやることが先決なのである。

病気で亡くなった人々に対しては、

「もはやあなたは病気ではないのだ。今までの肉体は亡びても、新しい肉体の舟を持っているではないか、今のあなたは病気から解放されたのだ。

古い肉体は焼失しても、腐敗しても、すでにあなたはこの地上界の者ではないということを自覚して、自分自身に嘘のつけない、善なる心で、人生におけるあなたの思ったこと、行なったことを一つ一つ反省して、もし誤りがみつかったならば、心から神にお詫びすることだ。そのとき、あなたの心の曇りは晴れ、神の光によって満たされ、あなたは救われるのだ」

と噛んでふくめるように教えてやることが大事であるということだ。

そして、供物を上げてやることも良いだろう。

しかし、ほとんどの者達は、あわてふためいて、死にたくないといって、執着から離れない者達が多いのである。

そのため、死体が硬直してしまう場合もあろう。

執着から離れている者達の多くは、死顔に安らぎの表情がうかがえるものだ。

事故死でも、執着心の強い者達は、死んだ場所に地獄界を造り出して、自ら苦しんでいる。自縛霊（地縛霊）となって、同じような心の人々に憑依し、事故死に巻き込むことがある、ということだ。

それは、この地上界に執着があるため、離れることができないでいるのである。

そういう者達には、死んだ理由を、よく教えてやるべきだろう。

だが、これに反して、人間の手で造り出したペーパーの神や、木や金属や土で造った偶像に食物を供養したり、金銭を供養したりしてもほとんど無駄といえるのである。

私達の住んでいる地球も、神体の小さな細胞であり、大神殿だということだ。

その大神殿である地球の上に、神の身体のなかに包まれている人間が、なぜ小さな大神殿や大仏殿を造り、神を祭るのであろうか。

浄財と称する不浄の金で、そんなものを建てても、神の心を満たすことはできないのだ。

本当の神仏ならば、

「心を病める者にも、身体を病める者にも、貧しさに病む者にも、すべての気の毒な者達のために布施せよ。彼らを不幸から救うのだ。そして、神の子としての自覚に目覚めさせせよ」

というだろう。

私達一人一人の心がこのように、神の心に対して報恩の行為を実践して行ったならば、必ずユートピアが築かれて行くだろう。

神は、人間の生活の知恵が造り出した金など必要としないのだ。金が必要なのは、神ではなく、人間達だということだ。

その意味で、供養も、神に対して報恩感謝の印としてそれをなす心の人になら、意義もあるだろうということだ。

しかし、罰が当たるとか、自分の虚栄として供養するなら、それはもはや、心の失われたものであるということを知るべきであろう。

狂信、盲信者の供養によって、豪華な衣裳をつけたり、金銀宝石の指輪などをするといった教祖や指導者がいる。これらは、足ることを忘れて身を地獄に堕として行く誤った者達である。

受けるその連中も、供養をする盲信者のほうも、ともに心を失った哀れな、愚かしい人間達である、というしかない。

月に一度の祭りでお浄め料とか、お浄めのお礼とか、供物とかをしたところで、本当に浄まったということにはならないのである。

もし浄まったとしたならば、それは、そうした機会を縁として、自らの心を正し、安らぎのある生活に努力したからだといえよう。

心の浄化は、他力信仰によってではなく、自分自身の正しい心と行ないの結果によるものなのである。

太陽は、$\frac{9.3\times10^{22}}{2.5\times10^{3}}$ kcal/secということになると一秒間に石炭を二百万トン近く燃やしたほどの、熱エネルギーや光のエネルギーを地球上に与えているだろう。これこそ、神の慈悲、愛の心の現われではないだろうか。私達は、この太陽に、光熱代を支払っているだろうか。

神は、光熱代などとらないし、お浄め代など決してとらないのである。欲望を持って供物をする。そんな心を失った行為は、かえって心に曇りを造り出してしまうものだ。

お浄めを、心からのものとして受けた場合は、感謝の心が必要であろう。しかしたとえお浄めを受けても、その人の心と行為が正しいものでなかったならば、また苦しみを造り出してしまうであろう、ということだ。

布施とは、感謝の心を行為として現わしたものなのである。それ以上でも以下でもないのだ。

布施のなかには、労働の布施、作物の布施、金銭的な布施などがあるが、それは他人のためになる一切の行為をいうのである。

このように、正しい、ものの判断が必要だということである。

神の名のもとに、布施を強制したとしたならば、すでに、その人間の欲望は、魔王、阿修羅、動物霊、地獄霊の仕業以外の何ものでもないであろう。

お浄めによって現われてくる憑依霊に対しても、家に祭ってしまうということは、非常に危険な行為といえよう。

彼らは、地獄界に堕ちている者達なのである。それを、悟らせることなく、地上界に執着を持たせてしまうから危険だというのである。

むしろ、彼らがなぜ地獄界に堕ちているかということを悟らせて、光明の天上界に送ってやることが必要なのである。

仏壇や墓などに、執着を持たせるべきではないのだ。

それらを祭ってしまうと、家庭のなかに不調和な現象が起こり、かえって不幸を招くことになるだろう。

彼らを救うためには、あくまでも自分の心と行ないを正し、正法を聞かせて憑依霊を納得させる以外に方法はないのである。

自らの心と行ないが不調和なままで、お浄めの真似ごとをすべきではないのである。

「さわらぬ神に祟《たた》りなし」ということわざのとおりだ。

先生が生徒から勉強を教えられるようでは、果たして先生の役目が果たせるだろうか。

よく考えてみることだ。

私達は、盲信者になったり、狂信者になったりしてはならないのである。

人生に疑問があったなら、それを追究すること。疑問を持ったままに盲信することは、正しいことではない。

それは偽りの信心といえよう。

疑問に答えられないような指導者は、心を教えることはできない人々である。

偽善者の烙印を押される人々である。

このような人々が、実はかなり多いということを、私達は認識しなくてはならない。

3　施餓鬼について

「私は、毎年施餓鬼をいたしておりますが、果たして効果があるのでしょうか。僧侶として代々受け継いできたものであるが、形式的行事の感がありますます。その点、どうしたらよいでしょうか」

この質問のように、現代の僧侶でも、施餓鬼は習慣だと思っているのだ。

しかし施餓鬼は、本来は、身体が悪くて働けなかったり、生活能力のない気の毒な者達に布施奉仕して、彼らに生きる希望を与えてやる慈悲と愛の行為であった。つまり、生きている者に対する奉仕だったのである。

それが、いつの間にか、亡くなってしまった者達の、よりどころのない無縁仏に対する供養に変わってしまったのである。

それには理由があるのだ。

永い歴史の過程において、亡くなった者達のなかには、法を悟ることなくきびしい地獄界に堕ちた者達も数多い。

しかも彼らは、墓や寺などが自分の住家と思っている者達なのである。それが、永い年月の経過のうちに、地上界で生活している者達に忘れられて、供養されることもなく無縁の仏になってしまった。その恨みつらみで、彼らは、生きている者達に憑依する場合があるのである。

このような迷える霊達には、正しい法を説いてやり、彼らの執着心を除いて、自覚させることが大事なのであろう。

この世に、心を忘れた者達が多くなればなるほど、地獄霊達も騒ぐ。従って、この地上界が混乱してくるということである。

生存している者達が、神の子としての自覚に目覚めれば、彼ら地獄霊達も反省するきっかけがつかめるのだ。

ところが、末法の世になると、生きている者達が、人生の価値に対する認識を失ってしまっている。

地獄霊達は、かつてこの地上界で生活をした者達であり、地上界を縁として堕ちた者達なのである。

従って、彼らは常に地球上に対する執着が強い。自らの苦しみを造り、暗い霊囲気を造っている。つまり、地獄界も、その彼らの暗い想念によって造り出されているというわけである。

施餓鬼とは、こうして魂に対する正法の教えがそれである、といわねばならないのである。

4　お盆・お彼岸の意味

「仏教には、お盆とかお彼岸とかいう仏事がありますが、どのような由来があるのでしょうか」

ある宗教大学の学生の質問である。

これらは、仏教の行事においては、代表的なものであろう。そして、すべてが、先祖供養に結びつけられている。

日本の国民性としての、祖先崇拝の習慣が、生活のなかにとけ込み、いつか自然の行事になってしまった、といったらよいだろう。

お盆といえば、先祖の霊がわが家に帰ってくるので、それにご馳走を供養し、盆踊りや灯籠流しをして慰めるとともに、人間達も心の安らぎを得ようとする、今や賑やかな行事になっている。

坊さんのかき入れどきで、経文も供養される。

このような習慣を体験してこの世を去った者達は、お盆を楽しみにしているともいう。子孫と先祖とのつながり、これを大事にするために、現在の私達が、一定の季節を定め、先祖への感謝を表現する行為。それもよいことであろう。

しかし、本当のお盆の意味はこうなのである。

今を去る二千五百有余年前、ゴーダマ・ブッタが三十八歳のときのできごとであった。ゴーダマ・ブッタの最初の弟子で、カピラ・ヴァーストから護衛のために従ってきた五人のクシャトリア（武士）の一人アサジが、マガダ国のラジャグリハ郊外を遊行していたときのこと、バラモンのウパテッサ（後のシャーリー・プトラー）に声をかけられた。

しかし、アサジは、知的な宗教論争を他の宗派から仕かけられても、それに応じてはならないと、ブッタから注意されていたので、それを避けるようにした。

しかし、シャーリー・プトラーは、アサジを見て、この男はただ者ではない、他のサマナーや、サロモン達（修行者）とは比較にならないほどおだやかで、顔色も良く、態度も謙虚で、決しておごりたかぶらない姿に、何とか話してみたい、と思っていたので、はるかに自分よりは年少者であるアサジに従って歩いた。そして、対話できる機会を求めた。

アサジが遊行で貰った粥の入った鉢を左の手で抱えながら、食事の場所を探していると、シャーリー・プトラーは、自分で禅定するときに使っていた草で作った座布団を木蔭に敷いて、

「サロモンよ。どうぞこの上に座って、お食事を召し上がって下さい」

とすすめた。アサジは遠慮をしたが、どうしてもということで、シャーリー・プトラーとともに食事をした。

論争を挑まれると思っていたアサジは、あまりにも親切な行為に対して、

「どうも、私のような弱輩者に、ご親切ありがとうございます」

といった。

「いやいや、あなたとお話がしたくて、後をつけてきました。本当に失礼いたしました」

とシャーリー・プトラーはいった。

アサジは、この言葉にすっかり安心して、警戒心が心の中から消えて行くのをおぼえた。

当時のバラモン教徒は、学問的に非常に程度が高く、真理の論争を楽しんでいる者が多かったのであった。理屈っぽいといえばいいだろう。シャーリー・プトラーはいった。

「サロモンよ、あなたはどこで悟られたのですか」

アサジは落ちついていった。

「いいえ、私はアラハンの境地です。ブッタ（仏陀）にはほど遠い境地です」

「あなたを見ていると、ブッタのように思いました。あなたのような立派なお弟子を持っておられる師は幸福でしょう。師も立派な方でありましょう。あなたの師は、どのような修行方法を教えているのか、それを教えて下さい」

シャーリー・プトラーは熱心にそういった。

アサジは、常日頃、ゴーダマ・ブッタから説かれている法を実践していれば、他の修行者の心に、そのような姿で映るのか、と思い、何か胸にこみ上げてくるものがあった。

アサジはいった。

「私の師は、コーサラ国のカピラ・ヴァーストの王子、ゴーダマ・シッタルダーとおっしゃる方で、すべて原因と結果、縁生ということについて教えられております。心の在り方を、八正道で定め、日々の心と行ないを正して修行しております」

シャーリー・プトラーは、これこそ本物だ、神を祭って祈るのではなく、自らの心の悟りを教えているという事実、これこそ本物のブッタであろうと、はやる心を押さえながら、

「あなたの師に紹介して下さい。私の探し求めていたブッタです。どうぞよろしくお願いします」

とアサジの手を握っていうのであった。そしてさらに、

「ラジャグリハの町から北東の山峡を縫ってしばらく行くと、ナーランダという町がありますが、そこが私の生まれたところです。私の師は、アサンジャーと呼ばれるバラ

モンです。この師について、ウパニシャードを学び、きびしい修行をいたしております
サロモンです。私の親しい友人にも修行者がいますが、本物のブッタに会うことができたら、必ず連絡し合って一緒に行動しようと約束しています。ぜひ友人と一緒に紹介して下さい」

というのであった。

アサジはとまどったが、ブッタに相談して、明日この場所で返事をすることを約束し、ベルヴェナーに帰った。

ベルヴェナーに帰ったアサジは、今日のできごとをブッタに説明した。

ブッタは、その話を聞くとこういった。

「その二人は、かつて、前世で私の法を学び、良く道を修めた者だ。再び今世で道を究め、私とともに衆生の心に光明の灯をともすであろう。遂に、たずねてくる機会を迎えたか。アサジよ、過去世の友がくるのだ。明日、サロモン達への説法のときに案内するが良いであろう」

すでにブッタは、正法に帰依する二人のことを知っていたのであった。

アサジは、予定どおり、約束の日に、ベルヴェナーの多くのサロモン達の前で、シャーリー・プトラーをブッタに紹介した。

ブッタは、コースタニヤやウルヴェラ・カシャパー達、千数百人のサロモン達を前に、「今、たずねてきた二人のサロモンは、過去世において、正法を修めた人達だが、再び今世で道を究め、サンガーの指導者となるだろう」

といって、皆に紹介した。

コースタニヤを始め古い弟子達は、今日入門した者達が、なぜ指導者になるのか、その意味が解らないので、ブッタがお世辞をいっているのではないだろうかと、大きな疑問を持つのであった。

しかし、初めて会うブッタの言葉に驚いたのは、古い弟子達より、その二人であった。二人は、多くの弟子達の前で、大粒の涙を流して、心のなかからこみ上げてくる感激をとどめることができないのだった。

懐しさというか、不思議な気持のようで、ただ嬉しくて、こみ上げてくる理由も解らなかったようだ。

しかしその後、サンガーの空気は、古いサロモン達の嫉妬心のため、大分調和が乱れて行くのであった。

ブッタは全員を集めて、

「サロモン達よ、良く聞くがよかろう。法に新旧がないように、弟子にも新旧の差はないのだ。今世だけのことを考えれば、早くきた者、遅くきた者の差はあるだろう。しかし、早く弟子になった者は、よく後輩を指導できるように、自らを正し、精進することが大切だろう。

ブッタは、過去世も、現世も、来世も見とおす力を持っているのだ。

最近来たシャーリー・プトラーもマハー・モンガラナーも、今世においてはサロモン達より遅くきたであろうが、過去世においては、私とともに道を説いた者達で、そのときから思えば、もっとも古い弟子達といえよう。

過去世において修行した両人は、やがてアラハンの境地に達し、転生輪廻の事実を悟るであろう。

生命は、過去世の縁によって、今あるのだ。

それを、今世だけの判断で、新旧の弟子という差をつけるべきではないのだ。互いに、よく道を究めて、心の歪みを正さなくてはならないのである。指導者とか支配者とかいうものは、自らが定めるのではなく、他人が、その技倆と行動によって自然に造り上げてゆくものなのだ。

それが正しいのだ。

古いとか新しいとか、武力や権力などによって、人の心を支配することはできないのだ。智慧と勇気と努力によってつくり出された偏りのない生活のなかから、正しい道を積み重ねたときに、自ら人はその人間の価値を知り、慈愛に富んだ心と行ないの指導者を慕うようになるものだ。

この両人は、転生輪廻の過程で積み重ねてきた器が広く、豊かな心が修行によって造られているのだ。

やがて、その事実を実証するであろう」

と力強く、説法をしたのであった。

その後一週間めにして、モンガラナーは心の窓を開き、天上界、地獄界を見とおす力を持つことができ、天眼の一人者となったのであった。

その結果、ゴーダマ・ブッタが、過去世においてブッタであったことが実証されるとともに、彼は他の人の肉体的な欠陥から心の状態まで、はっきりと見とおすようになったのである。

モンガラナーが、その天眼で、自らの肉体的先祖や母などがどこに住んでいたかを見ると、母は、一人淋しく、薄暗い世界で仕事をしていた。モンガラナーは、せめてその母に水でも差し上げようとした。しかしその水は、途端に火炎に包まれてしまうのであった。

このことをブッタに説明すると、

「お前の母は、生前、自分のことしか考えないで、他人に対しては布施の心もなく、気の毒な者達に何かを恵んでやったこともなかった。そして、常に自分を中心として、他人に慈愛を与えることなく、他人からの布施ばかりを望んでいた。自分の意志にそぐわぬ者に対しては、バラモン階級を表面に出して、シュドラー達にもきびしい行為をしたのだ。

その自らの心と行為の結果、火炎地獄に堕ちているのだ。モンガラナー、そなたは、母の代わりになって、困っている人々にできるだけの布施をしなさい。お前の母は、その行為を見て、自分の人生の誤りだったことを悟るだろう。肉親のお前の努力が、お前の慈悲が、母親を救うのだ」

そうブッタはさとすようにいった。

「ブッタのお言葉のとおり、母のため、私のために、悩める衆生に供養します」

モンガラナーはそういい、その後、日を定めて、母親のために、貧乏な人々や病める人々に、慈愛の布施を行なって行くのであった。

このように、本来のお盆の目的は、亡くなってしまった人々が、この世に在ったとき忘れてしまった布施の行為を、生存する子孫が代わって行為することなのである。

習慣というものは、永い年月の過程において、変えられ、本筋から遠ざかってしまうものだ。

やがて、三カ月くらいで、シャーリー・プトラーも、アラハンの境地になり、過去世の法を思い出し、サンガーの指導者になって行った。

ブッタのかつての説法のとおり、シャーリー・プトラーも、マハー・モンガラナーも、心を悟り、多くのサロモン達は、その指導者としての器を、自然のうちに認めざるを得なくなり、より道を行じるようになって行ったのであった。

このように、大田区在住のA・K（当年二十三歳）の過去世、アサジは、インド時代の思い出を、当時のコーサラ語で、つい昨日のように説明し、盂蘭盆会の本質を語るのであった。

私達の意識の潜在されている九〇%のなかには、あたかもテープレコーダーのように、ビデオ・テープのように過去、過去世の一切が記憶されている。

正法の実践生活の積み重ねの結果、心の曇りが晴れると、自らの心のスイッチを押してそのテープレコーダーを回転させることができるのである。

このような境地に到達することを、仏教では、パニャー・パラー・ミターという言葉で表現している。

すなわち、摩訶般若波羅蜜多という言葉である。内在されている偉大な智慧に到達する、ということだ。

5　心の錆《さび》

「アラハンの境地に到達されている人々も、自在力を失ってしまうことがあるだろうか。それとも、生存中は、その境地は変わらないものだろうか」

という質問が、私達のグループのなかから出てきた。

非常に良い質問である。

例をあげて追究してみよう。

鉄というものは、非常に酸化しやすいものだ。自然に放置しておくと、酸素O_2と、鉄Feの表面が化合してFe_2O_3という酸化第二鉄、つまり赤錆に変わってしまうだろう。

この酸化第二鉄は、すでにFeという鉄の性質を失って、もとの鉄にはもどらないものだ。

錆びたままの物に、表面塗装をしても、やがて、鉄の表面の錆が浮き出てきて、塗装の皮膜を破り、また赤錆が表面に出てくるだろう。

私達の心と行ないも、同じことがいえるだろう。

霊感を得たいと思って、いかに正法に帰依しても、今まで心のなかに錆びついている不調和な想念や行為を反省し、暗い想念、つまり心の錆を落とさなければ、恐ろしい結果になってしまうということだ。

それは、表面だけを正法という塗装でおおっただけで、中味に問題があるからだ。この中味が、魔王や動物霊、地獄霊達を呼び込んでしまうということになる。彼らに支配されて、自分を失ってしまうのである。自分でない自分になってしまうのだ。

過ぎ去ってしまった心の錆は、正しい中道の物差しで、反省をし、間違った心と行為を心から神に詫びることが大切なのだ。

そのとき、心の錆は落とされて、その曇りも晴れ、神の光によって満たされるのである。二度と誤りを犯さない生活が、第一条件といえよう。

このような生活をして、アラハンの境地に達した者達も、生活が正道をはずれてしまえば、霊的現象の観自在の力は失われてしまうのである。

霊的現象が、ある日突然解らなくなってしまうということは、増上慢になったり、心と行ないが不調和になると、心の曇りによって、光の天使達が近づけなくなるからである。

肉体行などで修行したというような者達は、正法という心の物差しが解らないため、不動明王だの、何々菩薩だの、何々の神だ、命《みこと》だと出てきても、本物であるかどうかを、見分けることができないだろう。

あの世を見とおす能力がない限り、それは、不可能なのだ。

動物霊や地獄霊でも、病気を治したり、失せ物を教えたりすることができる者はいるのである。

このような修行者とか修験者とか、その他似たような修行をさせられた者達は、霊媒的なことができたとしても、肉体的に不調和な現象が現われたり、その子供が不調和な現象に襲われたりして、心の安らぎが得られなくなってしまうものだ。

イライラの心、怒る心、そしる心、妬み心、増上慢などが芽生えて、他人を意味もなく軽蔑してしまうようになるのである。

これに反し、正法を悟っている者達は、家族も円満に調和されて、常に中道の八正道を心の物差しとしているため、感情のもつれがないのである。

それも、自分の思っていることと行なっていることに対して、自らが、正しいという心の規準を知って生活しているからだといえる。

鉄の表面にパーカライジングという化学処理をほどこすと、塗装した後も錆が出にくくなる。これと同じように、正法にそった生活をすることは、私たちの心を常に神の光でおおい包むことになる。

鉄の表面も、常に磨いていれば、錆びることはないのである。金剛石も、磨けば磨くほど光沢を増してくるのである。

正法を心の糧として、日々の生活を実践する努力をすれば、私達の心はより広く、大きく丸いものに磨かれて、光の天使達と自由に、あの世のことも見聞することができるようになるということである。

幼少の頃、天才といわれた者が、二十歳すぎればただの人、ということわざも、同じことだといえよう。

心に曇りのないときには、指導霊や守護霊達の協力を得て、天才的な力を発揮できるが、次第に心を失って行くに従って、指導霊達はその指導ができなくなってしまうということである。つまり凡才になってしまうのだ。

道は、心を正して、正法実践の努力を積み重ねる以外には開かれないといえよう。

指導霊や守護霊の力と、私達の心と行ないは、丁度、自転車の両輪のような関係である。

前進するためには、ペダルを踏んで前輪で方向を定めるように、正しい努力のないところに、良い結果は生まれないということである。

心の世界の法則も、これと変わりないということである。

原因、結果、作用、反作用の法則が、私達の心と行ないを支配しているということだ。

6　労使の闘争

「私は、労働組合の書記をしておりますが、労使の闘争は必要だと思います。

法律で認められている以上、弱き者達は、団結によって、自分達の要求をぶつけない限り、資本家は、経済力と権力を持っているために目的の貫徹はほど遠い夢となります。

賃金にしても、厚生施設にしても、働く者達を優先にすることこそ、資本家の義務といえましょう。

私達の闘争が、現代の文明を築いているのではありませんか。労使は、お互いに相容れぬものが本質的にあり、立場が違う以上、闘争は続けられるでしょう。

国家の体制が、社会主義になれば別だが、現体制下では闘争もやむを得ないと思います。このあたりに正法にも矛盾があると思いますが、この点について説明を戴きたい」

という。

この男は、闘争に生き甲斐をみつけているようだ。弱肉強食は、動物的本能だし、人間も弱くては生きてはいられない、ともいうのである。

現代人の世界観は、大方この青年と同じような考えになっているのではないかと思う。ということは、資本主義もマルクス主義も、すべて物質経済が根本で、心が失われているのではないだろうか。

心を失った思想が、生活の知恵によって文明を造り、公害を生み、精神公害まで造り出したのだといっても、過言ではないだろう。

私達の苦しみは、永遠なる魂、自分自身の心を失ったときに自ら造り出して行くものだ。この心を失って、何の喜びがあるだろうか。

闘争心は、常に破壊しか生まないし、自分に帰ってくるということだ。

思想の対立も、相互に同じ人間同士である。その立場が異なるだけである。従って、立場の相違を心で考え、互いの理解を深め、大調和の道を歩まないと、自らをますます苦しみの泥沼のなかに引きずり込んでしまうだろう。

団結という美名のもとに、闘争して勝ち得たものが、本当の幸福となり得たであろうか。足ることを忘れ去った金の亡者達の幸福など、一時の夢にしかすぎないものだ。

物価の安定もなく、次々と闘争して勝ち得た物を吐き出しているではないか。

社会主義の国々に、本当の自由があるだろうか。

権力者達は、合法的な暴力や武力によって国家を、民衆を支配しているが、実は、いつ自分自身が失脚するか解らないため、心に不安の多い生活を送っている。

人間というものは、その行動力を支配されても、心の支配まではされないということだ。

私達の心は、いつも自由なのである。

だから、武力や権力での支配が続いても、人間の心は常に自由で、誤った思想の批判は忘れないのである。

たとえ洗脳されても、神理でないものには矛盾が生まれ、疑問の心が生じるものだ。ただ民衆は口で語らず、行動しないだけである。

権力者達は、心を失った者達であるから、同志を裏切ることも平気で、他人の生命も簡単に奪ってしまう。

しかし、肉体舟の船頭である心まで奪うことは不可能なのである。

人間は、誰でも幸福になりたいという希望を持っている。思想のいかんに拘らず、この点は一致しているのだ。

しかし現代人の多くは、幸福になる条件が、すべて経済の力だと考えているところに、大きな誤りを犯しているといえよう。

人類は、今ようやくきびしい封建社会から脱し、人間平等の立場で、労使もまた話し合える調和の段階に前進してきているのである。

それは、人類が、永い歴史のなかで自ら蒔いた不調和な種を刈りとって辿りついた状態である。

現代社会人が、変わることのない心の尊厳性を悟らない限り、本当のユートピアは訪れてこないのである。

私達人間が、基本的な心の尊厳性を確立したならば、労使の争いもなくなり、より文明は発達して、生活もより調和されたものとなり、原始共産社会よりもいっそう進んだ共存共栄の社会となって行くのである。

資本家、指導者は、それゆえに、自己の立場に固執せず、大衆のために心を広く豊かにし、慈愛に満ちた真の勇者でなくてはならない。

自らに嘘をつくことなく、大衆に奉仕する実行力が必要といえるのである。

人間は、感謝の心を失ったとき、不満の心を生むものだ。不満の心は自分の思いどおりにならないことへのいらだち、自己保存の心が根本となっている。

互いの意志が疎通しない、それも原因である。正しい見解を持つこと。自らのわだかまりを、心のなかに押し込んではならないのだ。わだかまりを持てば、いうべきこともいえなくなるのである。

他人の前で自分を飾ろうとする心や、目上の人々に良く思われたいという心は、やがてそのなかに歪みを造り出してしまうものだ。

弱い者達が、団結という集団意識によって不満を爆発させる原因は、いろいろとあり、それは内部にもあるものだ。

従って、集団の指導者は、単なる不満の代表者になり正しい見解を忘れたり、権力者の座に執着を持って、混乱した組織体を造り出してしまうようではいけないのである。

しかし、そうした誤りを犯しがちだ。

感情的な集団は、自己主張をくり返して、もはや調和にはほど遠い闘争と破壊の修羅場を造り出して行く。

そしてまた、物質経済を主体とした、心を失った集団意識は、必ず内部闘争分裂の温床ともなって行く。

武力や権力で支配して、一時の統制が保たれたかに見えても、力で支配したものは、所詮力の不均衡によって、いつの日か崩れ去り自らの首をはねる刃ともなるのである。

作用、反作用の法則からいっても、それは当然の道理といえるのである。

感情的な心と行為を捨てて、道理をわきまえて判断すること、これが調和への近道であり、不退転の神理であるということだ。

経営者にしても、集団の指導者にしても、自分の立場だけに固執しないで、従業員や集団の心の在り方を良く知って、中道を心の物差しとして、指導すべきだ。

中道を根本とした心と行為があれば、闘争など起こることはないであろう。

経済的な問題は、互いに譲り合う行為によって、大調和が完成されるのである。

そして、お互いに経済の奴隷から自らの心を解放して、協力し合い、平和な社会を築いて行くことが大切なのである。

私達の生命は、転生輪廻をくり返している過程においては、あるときは国王の体験を、あるときはもっともきびしい奴隷の体験をする。それは皆、自らの心を豊かにするための修行をしているのである。

私達が、その神理を知ったならば、今生活していることに、もっと心をそそがなくてはならないのではないか。

人間の価値は、地位や経済力によって定めることはできないのだ。

この事実を知ったならば、より良い生活の場を造ることに努力するのは当然であるが、万物の霊長、神の子である人間同士が、動物的な闘争をくり返し、血で血を洗う争いの愚を犯してはならないのだ。

労使が、旧来の陋習を破って、互いの立場を離れ、人間同士の相互繁栄を協力し合い、感謝の心と報恩の行為を実践する以外に、大調和への道を開くことはできないのである。

偽りの心を捨てた、心の対話が必要だ。

その規準が、中道すなわち八正道の心と実践にあるのであり、社会人類のために奉仕する行為が大事だということである。

また、資本の力で、人間を支配することも不可能だといわねばならない。

人間のつくり出した生活の知識、それで独占した経済力が、本当に人間を幸福にするものだろうか。

私達は、そのことを、考えなおさなくてはならないときにきているのではなかろうか。

人間は、皆神の子である。

皆、平等なのである。

それなのに、小さな地球のなかで争っている。

宇宙的な立場で考えたならば、本当に哀れで愚かなのは、心を忘れ去った人間の姿といわざるを得ない。

死んで、財産を、あの世に持って帰れるだろうか。

生きているうちに、人々の幸福のためにそれを使ってこそ、生活の智恵も実るといえるのである。

闘争と破壊ほど、愚かな行為はないということに、やがて人類は目覚める日がくるであろう。

法律は、人間のつくったもので社会生活の秩序を守るためのものである。それは、菩薩心の表われといえよう。

しかし、すべてが、法律に認められているから当然だという考え方は、中道の心とはいいがたい。

法律は、行動に対する制約を加えても、心に制約を加えることはできないものだ。

自由な心は、神理である正法以外に得られない、安らぎの道は得られない、ということを知るべきであろう。

これを踏みはずせば、自らの苦しみを造り出し、自らの善なる心で裁かねばならない。

これこそ、公平無私な法であるといえよう。

不平等な社会は、一人一人の人間の心が、正道を悟ったときに、是正されるだろう。

そして、偏った思想が人々の心から離れたとき、ユートピアは築かれて行くのである。

それには、まず欲望という名の電車から降りて、己の心に打ち克つ、ということが先決であるといわねばならない。

経済的貧富の差、社会的地位の差によって心の豊かさ、広さが決定されるものではないということを私達は知らなくてはならない。自ら選んだ環境をいかに調和し、豊かな安らぎのある、人生における偉大な心の収穫を得たかということが大事だ。

7　現世と来世の相違

あの世があるだろうかという疑問に対し、殆《ほとん》どの人は、この世だけだ、死んだらおしまいと思っている。ただ生命の永遠は肉体子孫を通して保存されるので、そういう意味での永遠性を肯定する。

このような人々は唯物的な考え方に支配され、正しい生命の転生を知っていない者達だといえよう。

先祖が魂・心まで与えたとしたなら、なぜ同じ母親から生まれた兄弟姉妹が財産問題で争ったりするのだろうか。親と子の不調和な対立が起こり、あげくの果てに殺し合いまでに発展するのだろうか。

子供が親の心と同じならば、親の思っていることすべてを理解し親不幸などしないだろう。

世の中にはよくある例だが、親ができなかったことを、子供に託し、勉強勉強と自分の分身の様に教育する。その子が親と同じ魂・心なら、なぜノイローゼになったり、親不幸をするのだろう。

そしてあれだけ面倒を見てやったのに裏切ったと愚痴をこぼす親がいる。

私はこのような説を信ずるわけにはゆかない。

両親の縁によって人生航路の肉体舟をいただき、育ててもらったが、親は魂・心まで与えたのではないということだ。

子供は子供としての個性を持つ。ましてや心まで一つだ、なんてこともないのである。親子は、たがいに話し合って理解し、通じ合うものである。親として淋しいだろうが、これが現実であり、子供は子供としての人生を、そして新しい自己完成への学習の場として現世を選んだのである。

すでに次元のちがったあの世でお互いに約束したことを忘れているだけなのである。心の原点を良く理解し、偏りのない生活をすれば、人間はその事実を知ることが出来るのだ。

くどいようだが、あの世を物理的な次元を例として説明してみると、物質界であるこの現象界はX軸、Y軸、Z軸を結んだ三次元的立体の世界である。

飛行機は三次元空間を自由に飛べるが、X、Y軸の二次元的な左右上下の世界では活動は不可能だろう。空間が存在していないのだから活動ができないはずだ。

ただし、三次元の世界から投影したスクリーンの映像は見ることができよう。

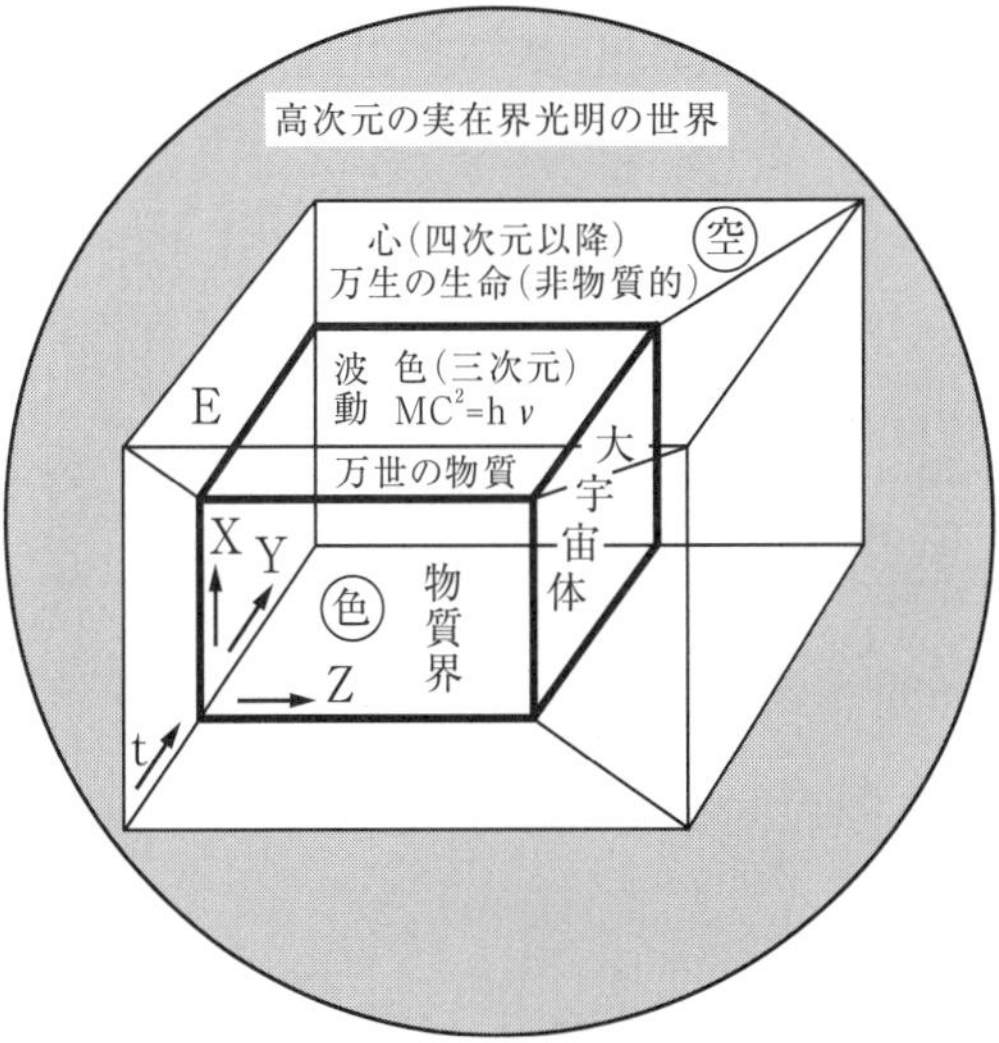

テレビのスクリーンも二次元平面の世界を現わしている。

しかし、映し出されている主人公に三次元の世界から語りかけることが出来るだろうか。これは不可能なことだ。どんなに話しかけても映像の中には三次元からは通信できない。

これと同じように、三次元を映している四次元世界から三次元世界に話しかけても不可能であろう。

しかし二次元は三次元の投影であり、この二つは連続されたそれにちがいはなく、三次元、四次元についても同じことがいえるのである。

X・Y・Z・tの四次元の世界が、物質の次元より高次元であることは間違いないはず。物質は仕事をなし得る能力を持っているのだから、物質の質量Mと光の速度Cの二乗の積は次元のちがった、即ち、仕事をなし得る能力Eと同じものだといえよう。

ただ、こうした四次元の存在については普通は認識できない。できないけれども、ないとはいえないのだ。

こうみてくると、物質界はたしかに三次元によって構成されているが、それ以上の高次元の存在を否定するわけにはゆかない。

仏教の言葉に、色心不二というのがある。色とは私達の五官にふれる万生万物であり、万生万物は色彩によって確認することが出来る。

心の世界、意識の世界も、エネルギーの次元と同じように、三次元を投影している四次元以降の世界があると、考えても不思議ではあるまい。

他界した霊達が姿を見せたり、念波によるテレパシー、予知能力、透視能力、遠くはイエス・キリストの復活なども、四次元以降の世界の存在を教えているではないか。

心の問題は、多分に主観的であり、経験のない場合は理解しにくい面が多いと思う。

しかし経験がないからといって、これを否定することは、科学する現代人にしては正しい態度ではない。

古来から多くの聖者が、普通の常識では考えられないような奇跡、徳行を実践し、衆生を救って来た。

右の頬を打たば、左をも向けよ、といったイエス・キリストの心情は、現代人には容易に理解できないと思う。

モーゼの大奇跡は、今日では神話の一つに数えられ、学者によってはモーゼを架空の人物としか扱っていない人もあるようだ。

また、ブッタの悟りについても、語りつがれた創作のようにみている人もおり、理解できない事柄は、すべて捨ててしまうようである。

今日、残されている文献の多くは、虚構と真実が入り雑《まじ》り、真偽の判断がつけ難くなっているが、三次元的理解を超えたこうした徳行、奇跡というものを考えたならば、三次元以上の高次元の作用のあることを推量することができると思う。

三次元の現世の肉体舟に乗っている時は、私達の意識は、通常一〇％くらいしか表面に出ていないために、一寸先がわからず、盲目の人生を歩んで苦楽を体験することになる。

しかし、肉体舟から降りている時（眠っている時や、心が調和されて船頭さんである魂が肉体から離れている時）は、次元の違った世界に行っているため、私達の肉体舟の付属品、眼、鼻、耳、舌、身の五官の作用は、人それぞれによってちがうが、外部からの振動には全く無関心であろう。

したがって記憶すら働いていない、といってもよいであろう。

記憶がないということは、一切の記憶は決して私達の脳細胞の中にあるのではないということだ。

肉体舟の船頭さんである意識、すなわち魂ということになろう。

どんな喜怒哀楽があっても、眠ってしまえば、その時は忘れている。

これは三次元の肉体舟から離れ四次元以降に魂が移動しているために、各人の意識の九〇％が表面に出、一〇％が潜在して、はっきりと現象化して来ないからといえよう。

就眠は肉体と意識、つまり肉体舟の生命が人生航路の修行に耐え得るために行なうものである。これは光の線、すなわち霊子線のようなもので、四次元以降多次元の世界にコンタクトされ、その光の線を通して、魂があの世実在界（四次元以降）にかえっていくことなのである。

死は肉体舟が人生航路に耐えられなくなった時であり、肉体舟と意識を結んでいる霊子線は完全に切断されてしまうものだ。

二度と肉体舟を支配して三次元空間で活動することは不可能である。

船頭を失った肉体舟は次第に朽ち果て、大自然界に還っていく。

一方、肉体を離れた魂は、四次元の乗り舟である光子体ともいうべき精妙なボディーを持っている。

生前における私達の原子肉体は、この光子体と共に生活しているのであるから、死は両者の訣別といってもいいわけだ。

私達の心の在り方によって、私達の意識は四次元以降多次元の世界にも通じるし、反対に、同じ四次元でも、非常に暗い世界にも通じてしまう。

慈悲と愛の心で人々に接している魂は、光のあふれた多次元の世界に通じ、自己保存、自我我欲の強い人々は、心が暗いスモッグによって覆われ、神の光をさえぎってしまうために、後光（オーラ）も暗く、苦しみ悲しみの中であえぎ、地獄界に通じている。

あの世の地獄界は、餓鬼、阿修羅、畜生、煉獄、無間地獄というように、恐ろしい世界である。

美しい心の状態によって、非物質的な精妙な霊囲気をつくり出している天上界は、この世の三次元の不安定な固体的天体の地球を包んでいる。

地上界に住んでいる人々の心と行ないが中道の調和された生活であれば、地球は、さらに光明化され、ユートピア完成の時期が早まろう。

地上界の人類は永い歳月を通して、混乱した闘争と破壊の業をつくり出してきたが、これまで非常に多面的であった思想も、社会主義と資本主義の二極にわかれ、ようやく調和への光明に向かって、進んでいるといえよう。

ある意味では、現在の混乱した社会は、人類が体験しなくてはならない業といえよう。

いずれにせよ、経済力、権力、武力によって支配しようとする人々の多くは、たとえ一時の支配はできても、人間本来の神性仏性である心の自由を支配することは出来まい。

人間の生活環境の経済的ルールが変わっても、やがては自由平等の、人類は皆兄弟という慈愛の心が平和な世界国家を完成して行くであろう。

人類はそのための厳しい学習を体験しているわけである。

心のない思想はいたずらに、社会を混乱におとし入れ、人心を迷わせ不幸にするだけである。

心まで腐ってしまった思想家とその実践者は、最も厳しい煉獄地獄でその間違いに気がつくまで修行する。その修行を他に転嫁することは出来ない。

この現象界は、無から有を生ぜしめることは不可能なことである。

有から縁によって有が生ずることは、崩すことの出来ない現象であり法則だ。

私達の五官で感じないから無いという考えは、非常に愚かしいのである。

人間の生活の知識によってつくり出された物質文明は、公害という副産物を蒔き散らした。

大気の中に、窒素化物や硫化物その他の光化学スモッグという生物の生存に危険な毒物をつくり出してしまった。

私達の肉体舟も両親の縁により、またその船頭さんも次元の異なった世界において、因を結び、その縁生によって、有から有が生じたのである。

エネルギー不滅の法則も、質量不変の法則も、まったく有から有が生じ、その有が形を変えて現象化するに過ぎないということを示している。

私達の心と行ないについても、同じことがいえる。

苦しみ、悲しみ、喜びの原因は、すべて、五官と心がつくり出したもので、無から有が生じるものではない。

想念は、現象を生み出す能力を持っているからである。

肉体的、精神的な諸現象は、そのために相互関係にあるということだ。

仏教でいう色心不二という意味を思い出して欲しい。

両者は別々には存在していないし、相互に関係し合いながら、現象を造り出しているわけである。

現代医学の殆どが肉体的条件だけを追究して一切の病気を治そうとしている。

しかしそれは誤りである。物理学の分野はすでに一つのある大きな壁にぶち当り、数十年前の相対性理論、特殊相対性理論以上のものが出てこないではないか。

私達の肉体諸器官は、胃は胃として、心臓は心臓としての意識を持っているし、肉体舟の調和のために、各諸器官はそれぞれの使命を持って活動を続けている。肉体舟の船頭さんである魂、意識の相互関係の大調和が、もっとも大事であり、病気はこの両者の不調和が原因なのである。

現代人にみられるノイローゼという病気も、肉体舟と船頭さんの心の不調和が原因になっている。

それは、偏ったものの見方、自己中心的な考え、そして心の中に不調和な想念をつめ込んではき出すことの出来ない情緒不安定な生活の積み重ねの結果、生じてくるもので、殆どが他次元の地獄霊や動物霊の憑依によって、人格が変わってしまうものである。

暗い、しめっぽい場所にゴキブリやうじが湧く。彼らは明るい太陽のもとでは生きられない。それと同じように心と行ないの正しい人々には、心の中に曇りがないため、彼らは近づくことが出来ないのだ。

このようにして、三次元の色の世界と四次元以降の心の世界とは、切り離して考えることはできないということだ。

第五章　神は光なり我とともに在り

1　芸術と正道

「芸術家は、表現をとおしていかに第三者に訴えるかということで、いつも苦労していますが、欲望の満たされる環境が多いために、ややもすると、堕落しやすく、小さな枠から抜け出すことができないで、ひとりよがりの生活になってしまっています。心の在り方は、どのようにしたらよいでしょうか」

これは、ある女優の、芸術と正法についての質問であった。

心のない芸術は、一時は栄えても、やがて人々に振り向かれなくなってしまうであろう。

そのほとんどが、ファンやとり巻きにチヤホヤされて増上慢になり、私生活と芸術の不一致に悩み、結局大衆の前から消えて過去の人になってしまうのが通例である。

この原因は、その心と行ないに問題があるといえよう。

たとえ華やかな環境においても、おごる心にひたることなく、常に謙虚な態度で芸道に精進することが大切なのである。

偏りのない中道の心で、日常生活をする。そうすれば心に暗い想念を造ることがないから、光明によって満たされるだろう。

俳優が、一つの演技をとおして、その主人公になり切るには、心と行為まで他人になり切ることが必要であろう。

しかし、問題はここにあるのだ。

私達の心は一念三千、善にも悪にも通じてしまうものであるから、悪役、病人、自殺、恋人などの演技をとおして、心も身もそのものになり切ってしまう。

そのため、演技から解放されたときには、正しい心で、自ら演じた主人公の善悪をはっきりと認識して、善なるものは心に刻み、悪なる不調和な部分はよく反省して、現実生活における己の心と行ないに結びつけないことだ。

なぜなら、不調和なシーンは、必ず次元を超えた不調和な世界に通じるからである。

俳優が、病人のシーンを演技しているうちに、実際に主人公の病気と同じ現象になるということがある。

それは、主人公の役になり切っている以上、当然主人公の意識に同通してしまうからだ。

特に、死亡している主人公のシーンを再現するような場合、演技だけにとどめないと、その反作用が現象化する、ということを知るべきであろう。恨み、妬み、そしり、怒り、そねみの演技は当然不調和な霊達にも通じているから、正しい心の規準を忘れて平気で生活していると、俳優自身の心も同じような状態になりやすいのである。

ストーリーをとおして、人生の表裏を正しく判断して、そのなかで、自らの心を豊かに育てることが立派な演技者といえるだろう。

調和されたよいストーリーのシーンなどは、人々の心をより豊かにするばかりではなく、演技者も調和された人格になれるのだから、そうした場では、自分を磨くことだ。娯楽映画や芝居などにおいて、人々の心に悪の種を蒔くような、心をまどわすものは、必ず反作用が演技者の暗い心の人々や制作者にかえってくるだろう。

悪は必ず、神の光を閉ざし自らの首を締めつけてしまうということである。

人々の心に安らぎを与える調和した作品は、大衆からの支持を得て、不滅なものとなるだろう。

人々の心をくすぐり、悪の種を蒔き散らすような無責任な者達の売名行為は、いつの日か自らの善なる心で、その行為をきびしく裁くことになるだろう。

それは、作者、シナリオ、監督、すべてにいえることである。

人々の心に、善悪を判断させる正道が植えつけられて行くに従って、正しい批判を受けるようになるだろう。

常に大衆とともにあって、影響を与える職業ほど、心の尊厳性を自ら悟って行動すべきではなかろうか。

人々の心に与える影響が絶大だという、責任感を忘れてはならないからである。

それは俳優だけでなく、広く芸術の領域のすべてにいえることだ。

日々の生活のなかで、正道を実践して、院展に出品した絵画が認められ、最高賞を獲得された人に、千葉県在住のＫ・Ｄがいる。

この人は、画の技術だけで勝負しようと、五十年近く努力を重ねたが、画人には、技術以上に、己の心の在り方が重要である、と悟ったのであった。

以下、私によせられた手紙を紹介しよう。

「一九七一年度、日本美術院五六回展に出品しました私の百五十号の作品〝夏の水〟が、幸運にも美術院の最高賞である美術院賞を受賞いたしました。

　院展に出品するほどの画家ならば、美術院賞を貰うということは、誰にとっても、最大唯一の夢であり、憧れなのであります。

　それは、名誉であるとともに、一つの大きな関門を突破したというほどの意味を持っていることも、皆知っていることです。

　それが現実に、私の手に入ったのであります。この私に！

　私は昨年四月、M店の社長から『縁生の舟』（『心の発見』に改題）を戴き、浅草の八起ビルにおける土曜講演にもお誘い戴いて、初めて人間の心と行ないの正しい在り方を学んだのであります。講演会場は、立錐の余地もないほど熱心な人によって埋められていたことにまず驚きましたが、初めてお目にかかる『縁生の舟』の著者の風格が、たいていの芸術家ならきっとこう表現するであろうと思われる、およそ宗教家というタイプとは不似合なのにも一驚いたしました。

　しかし、お話が進行するにつれて、誠実な、少しもあやふやなひびきのない神理そのものが、私の身体に、心に、じわじわとしみとおるようにひびいてくるのでした。

そして、こんなにも簡単に、神理にふれさせて貰えることが勿体ないようで、ありがたいなと、その恩恵を、心のなかで酔ったように呟いておりました。

それからは、むさぼるように、毎土曜日の講演会に出席させて戴きましたが、神理は理解できるように感じましても、心の向上にはほど遠いのに、われながら情ない思いをする始末でした。

私は十四歳で画に志し、以後一貫して四十年以上もこの道一筋に努力を重ねてまいりまして、今やっと手に入れた院賞でありますが、若くして世に出られた才能豊かな方々と比較すると、お恥ずかしい画家というべきでしょうし、心の貧しさに至っては、ペンをとっている今、穴あらば入りたいというような思いに駆られてもいるのですが、ただ、私のようなこんな者でも、四カ月間神理をお聞きしただけで、こんなことがあったということを、お知らせしたいのであります。

私は、実在界から現象界に出てくるときに、よほど強い決意をしてきたのではないかと思えるほど、画に対してだけは迷いもなく今日までやってこられたのであります。

今の私の心の状態では、はっきりと断言はできませんが、かつて極端な貧乏人の長男の私が、九州にいて、上京など思いもよらないときに上京できたり、中学にも行かれず、画家としての教養を修めるため細々と独学を続けていたとき、思いがけず、帝国美術（今の武蔵美大）日本画科に籍を置くことになって一挙に学習の念願が満たされたり、師は師で堅山南風先生への弟子志願を、紹介者がないからと一度ことわられながら、たまたまそこの書生をしていたのが小学校の同級生だったのが縁で、半年後には門弟にして戴けた上、今度は南風先生のお世話で憧れの横山大観先生の内弟子になることができたり、画の面で決定的な影響を私に残して死んで行った学友があったり、後援者のお蔭で画を売ることなく勉強できたことなど、数え切れないほどの人と物との恩恵を受けてまいりましたことなどは、どう考えましても、守護霊のお力が働いていたとしか考えられないことが多いように思われます。

それにもまして、無名にひとしい画家が、こんな時代に、自分の仕事だけに没頭して生きて行くことは、決して楽なことではありませんでした。

どんなに苦労しても、まるで報われない永い間の失意のときをようやく耐えてきまして、どうにか三年前頃から、連続して奨励賞もつくようになりました。

そして、一昨年は次点にまではなりましたものの、なお私にとっての院賞は、遠い、遠い存在に思われておりました。

著者のお話をうかがうようになりまして、反省して気がつきましたことは、大切な心の問題に対して、私の関心が、見当違いの方向に向いていたことであります。

また、眼に見えない想念の大事なことを知らないばかりに、大分、過ちをおかしていたことがありました。

ただ画家の技だけで、勝負しようとしていた愚かさを、この年になって、やっと知らせて戴いた、ということであります。

昨年、著者のお蔭で、出展画の準備にかかる時期がきましても、あわてることなく、自然に任せておりました。

すると、六月の初め頃、二日続けて、暁方《あけがた》に、構図のお示しがありました。

これこそ指導霊のお導きと、私はちゅうちょなく、仕事にかかり、早速下図にまとめることができました。

堅山先生方における、下図持ちよりの批評会の席上、先生はじめ諸先輩から、この作なら良い画ができそうだと励ましを受け、ほっとしまして、今年こそ何とかと心中期するものが湧いてきたことでもありました。

早速、本描きにかかりましたが、病気のため、筆が持てない日が続き、ヤキモキしておりました。が、その頃、栃木県出流山満願寺の研修会に初めて出席させて戴いたのでした。

病身でしたが、三日間の日々は、行にお話に、ほんとうにありがたい日々であった、と今も思います。

お蔭で、帰宅後、健康を回復しまして、順調に、予定どおりに画を仕上げることができたのであります。

額縁に収まったところで、念のため、前年の作を持ち出して並べてみました。較べてみますと、まるで違うのでした。

私はそう感じたのですが、居合わせた誰もがそういうのです。今年の画には、光があり素晴らしい。

仕上げが近づいてから、この画に光をと念じつつ筆を運んでいたことはありますが、こんなにも的確に現われるとは、われながら信じられないほどでした。

四カ月くらいしか講演を聞いていない私は、その心の向上に少しも自信はありませんでしたのに、肝腎の画にそれが認められて、本当に嬉しい限りでありました。

『縁生の舟』という著書を縁として、永年の望みがかなえられたということは、大変意味があることと、今心の中でかみしめております。

画の道は、これからなお一層苦しい道だと思いますが、縁にふれた幸運を肝に銘じまして、いつの日か実在界へ光とともに帰れますように、ますます八正道に精進を続けてまいりたいと思います。

日本画家　若木山」


このように、正しい心の規準を悟って生活することにより、心に曇りがなくなり、光明に満たされて、目的に対して努力すれば、その行為に比例した指導霊が、より良い仕事ができるよう、良い結果がでるように協力するという、これは好個の現象例であるといえる。

心こそ、まず第一に知るべきものなのである。

芸術家は、芸術をとおして、人間の悟りがやはり心に存在するということを知るべきであろう。

２　文学者の死

「私は、新聞記者ですが、作家の自殺が昔から多いように思います。彼らはなぜ死を急ぐのでしょうか。私達には理解できません。なぜ厭世的になってしまうのか教えて下さい」

という質問である。

そういえば、最近でも、日本の代表的作家である三島、川端両氏の自殺が相次ぎ、文学を愛好する者にとっては、悲しい知らせとなっている。

作家の、死に至る心のなかまではわからない。

尊敬する作家の死は、私の心のなかにも、淋しい思いを感じさせる。無常の思いが襲ってくる。

死という結論は同じであっても、その動機は、人それぞれの立場や、環境、思想によって異なってくるだろう。

自殺は人生からの逃避であり、自己保存の現われだといえよう。

これは、文学者に限ったことではない。

人間は、誰でも、寿命を果たすことが、本来の目的だからである。

自らの人生における修行を放棄することは、たとえ世間で立派な人間だといわれている人であっても、どういう事情があるにしても、それは正しい理とはならないのである。

死は怖いものではない。

しかし、私達が自ら望んで両親から与えられた肉体舟は、その生命の続く限り、神の子として、この人生航路において果たさなくてはならない修行を続けるべきなのである。

生ある限り、この肉体舟を大切にするということが、神の子としての掟だからだ。

特に、作家の残したものは、多くの人々の眼をとおしてその心に与える影響が大きいため、神の子としての責任は一層重大であるのだ。

作品のなかには、人々の欲望をそそり、その心を狂わせてしまうような低俗なものもあろう。

しかし一方には、読者の心に安らぎを与え、知性を豊かにし、調和のとれた心に安らぎを与えるものもある。

その内容は、まちまちである。

神の子としての自覚に目覚め、心が調和されている作家の作品は、読者の心の糧となり、人生に生きる喜びを与える。

だが、いかに名声の高い作家の作品であっても、心を忘れてしまった作品は、やがて人々から忘れ去られてしまうだろう。

そのような作品が果して読者の心を豊かにできるのか、疑問が投げかけられるであろう。

また、心ない読者と、心ある読者によっても、作品の受け取り方は異なる。つまり、その内容は、読者の正しい心の物差しで判断するしかないということもいえる。

しかし、作品の内容によっては、多くの読者に大きな影響を与えるし、それによる現象もまた大きい。低俗作品の場合は特にそれが強い。

不調和を与えたその責任は、作者の側にもちろんあるが、その毒を食べた読者にもあるということだ。

その罪の償いは、神の子としての人間に課せられた、掟なのである。

作家の責任は、その意味でも大きいといわねばなるまい。

ノンフィクションであれフィクションであれ、そのストーリーの主人公の心になりきって筆を進めているうちに、作家の心のなかに造り出されて行く想念は、それぞれの作中人物の心に埋没してしまうのである。

たとえば、歴史上の事実として残されている資料をもとに、戦乱の世に生き抜いた武将の物語を書いたとする。その場合、作者の心のなかには、当時の模様が映し出されている。そのときは、次元を超えた世界から、その作者の指導霊が書かせている場合が多いのである。

決闘の場面を書いているときは、作者の心まで変わっているであろう。

もし、描かれている武将が悪人であるならば、作者の心も同じ心の状態になっている場合があるはずだ。

つまりそれは、創作している作者の心が、次元の違うその世界に通じてしまうからである。

調和された心の状態なら良いが、不調和な想念を造り出しているときは、たとえそれが、創作であっても、自らの心のなかにも不調和な現象は現われてくるのである。

正しい心の物差しをしっかりと悟って生活をしている作者達は、たとえ不調和な主人公を描いた創作であっても、自らの正しい心の判断で、そのなかに暗い想念を造り出すことはない。

しかし、作者が、正しい心の物差しを忘れて、創作中の不調和な人物に陶酔してしまうと、作者の心は、やがてストーリーの主人公にすり替えられてしまうことが多いのである。

こうした場合、不眠からノイローゼという、不安定な心の状態を造り出してしまうだろう。

想念は、物を造り出す能力を持っているからである。

自己保存に陥って、家庭生活も不安定になり、名が売れて行くに従って、増上慢になって行く人もあるだろう。

謙虚な心が失われて、自分は偉大な人間だという錯覚に陥ってしまう者達が多いのである。

自信過剰と、自信喪失は裏表であるが、心の変化は、そのときの状態によって起伏が起こる。その起伏も、自らの心が造り出して行くものである（三四二頁の図参照）。

いかに名作を書き残した作家であっても、その人の心の状態は、常に変化しているということを知らなくてはならない。

いつの間にか、その心の状態が、創作のなかから生まれてくる不調和な心に応じた地獄霊に憑依されて、ついには正しい判断を失ってしまうものだ。

創作の小さな世界のなかに、逃避してはならないということである。

名利にこだわることなく、常に平静に保てる広い豊かな心でありたいものだ。

平静を保てない作家の心には、死神という地獄界の憑依霊が近づいてくるということだ。

それゆえに、有名な作家だから、人格的に裏表のない人間か、というと、それはまことに疑問なのである。

人間の価値は、名利の差によって決まらないからだ。

怒りの心を持ってこの世を去れば、もっともきびしい煉獄地獄の火炎に包まれた環境で、反省の機会が与えられるだろう。

自らの名声に溺れ、心のなかに描き出した不調和な混乱した破壊的想念を、実践しようとしたとき、心の針は、もはや煉獄地獄の阿修羅界に通じてしまうだろう。

感情の領域がふくらんで、理性を失った心は、大きな歪みとなって正しい判断はできないだろう。そうしたなかで文武両道などは、神理でもない。封建時代の名残にしかすぎないということだ。

文筆は、時と場合によっては、人々の心を刺す武器になるだろうが、闘争的武力は、肉体的行動の制限はできても、心の支配はできないからである。

左手に剣、右手に筆を持って、文武両道を歩めば、過激な作品ができるだろう。

そして自らの心の不満、心の敵に追いつめられることになり、自らの首を締めてしまうだろう。

作用と反作用の法則によって、心の格闘は、自らが中道を悟った心と行為によって静める以外、方法はないのである。

また、読者の心構えは、作品中の善悪を正しく判断し、善なる道を尊び、それを心の糧として、より丸く広い豊かな人格を造り、人生を有意義にすごすことが最良といえるだろう。

善悪いずれも、その人の心の状態によって、輪廻しているということである。

3　一日一生

一九七一年十一月。

講演会は東京から地方に広がり、特に関西地方への出張も多くなって行った。

二十四日は大阪、二十五日は四国へと回る目まぐるしい日程は、ちょうど選挙運動の遊説のような気がしたが、私にとっては、それが一生の仕事だと指導霊からいわれているため、あまり苦しいとは思えなかった。

この両日は、一日八時間連続の講演と、質疑応答、それに現象を行なったのであった。

何千人かの聴衆、さらに病人の個人相談が七十六人に及んだ。

そのなかで、十五年間もいざりの人、十年間も半身不随の人達に奇跡が起こってしまったのである。

大衆の面前で、信じられないことが起こったのである。

それは、私に協力して下さる光の大指導霊の力だといえよう。

人間の個の生命は、次元を超えた世界から援助がない限り、とうてい奇跡など起こせるものではないのだ。

重要なことは、それが受け入れられる、調和された霊囲気を造り出すことのできるのは、私達自分自身であるということだ。

このときに起こった奇跡を体験した東大阪市金岡に住んでいるＫ・Ｔの手記を紹介しよう。

「この身に奇跡が！　医者から見放された左半身の麻痺が夫の憑依霊とは」という書出しで始まり、

「私の前に坐りなさい、あなたには奇跡が起こりますよ、との先生のお言葉、嬉しさと喜びで高鳴る思いで坐りました。

このときから私は、かつての私ではなく、新しい人生に生まれ変わったのでございます。

私は、昭和三十八年二月五日、突然脳溢血で倒れ、当時四人の医師から再起不能と診察されて、悲嘆の苦しみが始まりました。

その前年に夫と死別し、子供もなく、この境遇で長い病床についたらどうしようと、不安で心の安らぎなどありませんでした。

幸い、Z会教団に入会させて戴いており、N会長さまより、なぜこのような病気になるか、について、過去世より今世に生まれて、自分の行なってきた不調和な生活、その原因を造った心の世界についてお教え戴き、『教えを信じ、今までの人生を深く反省し、私の話がうなずけたらその行ないを実践しなさい。必ず科学では解決できない結果が生まれ、再び仏道に精進できる身体になれますよ』とこんこんとさとされました。

私は、その教えを心にしっかりと刻み、実行して行くうちに、再起不能といわれた身体も、日常生活にさしつかえないまでになり、二年後には身延七面山の険路にも、皆さまのお力を得て、登らせて戴けるまでに元気になったのでございます。しかし、発病しましたときに、視神経をおかされ、左半身知覚麻痺と、右手にしびれが残り、そのうえ三叉神経痛という後遺症まで残ったのでございます。以来、右顔面は、終日、針に刺されるように痛み、ときには、眼球が飛び出すのではないか、と思うほどの激痛に襲われることもしばしばでございました。

眼と顔面神経がおかされているため、字を書くときやものを見るときには、必ず右眼をつぶらなければはっきりと焦点がつかめず、鼻水が口先まで流れても、わかりません。医師は、長い間の病気であるし、全治はむずかしい。治療は、右側頭部より、三叉に向かって薬を注入する以外にないとのことでした。

この痛みさえとれたら、どんなに楽になるだろうか、と私は常に思っていました。

また一方においては、このような身体だから、精進ができるのだろうと、常に自分の心にいい聞かせ、懺悔滅罪の道を修行させて戴かねば、と心の励みにしておりました。

しかし激痛に襲われますと、その苦しみに負けてしまうこともたびたびありました。左半身は熱い湯につけてもわからず、火傷をしても知らず、常に感覚がなく、十日ほど前にも、左下肢に火傷をするありさまでございました。

十二日、はからずも、先生の法話を聴聞させて戴いております折、先生から光を戴いたのでございます。

先生が私の顔面に両手を当て、『迷える霊よ。そなたは、この者に憑依しておっては……』とさとすように、やさしく申されておられますまでのお言葉は解りましたが、後はただ胸の奥底からこみ上げてくる名状しがたい思いで夢中でございました。

主人が、私の口をとおして、いろいろと語っていたようです。

先生は私の両肩を抱えるように叩かれ、『あなたには、亡きご主人が憑依しておったんですよ。今あなたの身体から離れて、光の天使に連れられて修行所に旅立ちましたよ』と申されました。

先生の慈悲と愛の眼差しは、私の心に深く焼きつきました。私は、自分の顔をさわってみました。すると、いつも冷たい感じの顔が、湯上がりのように温かく感じ、もちろん痛みなど全くなくなっておりました。

身体も非常に軽く、両足を大地にしっかりとつけた力強い感じがしました。

夜は、小さい字が読めませんでしたが、先生が読んでごらんなさいと出された、カセットの小さな字が読めるのでした。

この感激、そして歓びは、とうてい筆舌に尽くせるものではございません。

先生は『ご主人は、あなたに憑依していれば、救われるものと思っておったのですが、救われなかったのですね。これからご主人は、修行所で自らの人生を深く反省して、この現象界の年月で二、三年に相当する時間が経てば、天上界へ行くでしょう』と申されたのです。

正法を聴聞させて戴きながら、長い間の肉体的苦しみを救って戴きまして、天にでも昇りたい心持です。

私は、自分の心を深くみつめ、反省させて戴いたのでございます。

現象界における、自分のすべての執着が、このように亡夫に憑依された原因なのだと、気づかせて戴きました。

孤独ですから、老いて身動きができなくなったらどうしようと、常に心の一隅に不安があり、いろいろなものに対する執着を持っていたのでした。

陽の当たる場所に、常にありたいという欲望、無意識に自分を守る欲望など、この心の貧しさ、汚なさを、今さらのように改めて反省したのでございます。

今日という日を期して、元気にならせて戴きました。この身体で八正道を心の柱とし、真剣に修行して、正しい心の在り方を、同じように病める人々に、お伝えさせて戴き、今世における自分の使命をしっかりと自覚いたし、努力精進させて戴きたいと深く決心いたしております。

十月三日を最初に、今日まで、先生の文証・理証・現証を、この耳でこの眼で、そしてこの肌で感じ、正法の偉大さを、誰も否定できない神理として、私の心は躍動しております。

Z会教団に導かれていたからこそ、先生の縁に結ばれました。Z会教団のN会長のご勇断とご慈悲により、先生の説かれる〝法〟に帰依することができ、身の果報を心から感謝いたしております。ありがとうございます」

と、Ｋ・Ｔは、心から感謝するのであった。

Ｋ・Ｔは十年近くも、肉体的な不調和に悩まされてきたが、その原因を造り出していた〝心〟そのなかにある想念の働き、その善悪が、肉体舟に影響してきたということだ。

このように、連日連夜、私は強行なスケジュールに追いかけられていたが、精神的には全く疲労を感じなかった。

常に指導霊から、「身体も身のうちだ、十分気をつけよ」と注意されていたが、私は三十二年間、病気をしたことがなかったため、大分酷使してしまった。

寝不足のため、胃の消化力が弱っていたところへ、油の濃い食物を、それも夜中の午前一時頃食べて、休んだ。

午前三時頃でもあったろうか。

気分が悪くなったので、私は手洗いに起きた。そして、十五米《メートル》ばかり離れた洗面所で倒れてしまったのであった。

すると、あれよあれよという間に、私の肉体舟から船頭である意識、すなわち〝もう一人の私〟が抜け出して行くではないか。

この現象界と実在界を結んでいるドームのなかで、「ああ、しまった……」と〝もう一人の私〟は、倒れている自由を失った自分の肉体を眺めるのだった。

ものの倒れた音に気づいて、眼を覚ました同行者のI夫人がそばにきて、あわてている。

続いて同室のS博士、M住職がそばによってくるのであった。

三人の驚きは、私以上のようであった。

I夫人は、私の心臓に手を当てている。

S博士は脈搏をみている。二人の目と目が合って、それが完全に停止していることを確認し合っていた。I夫人は、

「このように多くの人々に道を説いている方に、なぜ実在界の大指導霊は、無慈悲なことをするのだろうか。私には疑問だ。なぜお救いしないのだろうか……」

と心のなかで自問自答している。私の指導霊達はI夫人の後側に立っているが、無言のまま何もいわない。

I夫人の心のなかに起こった疑問は、死んでいるはずの私の肉体に伝わる。そのとき、

大きな光の肉体が私の肉体を支配すると同時に、

「心配はいらぬ。そっとしておきなさい」

といった。指導霊、フォアイシン・フォアイ・シンフォーの言葉であった。

Ｉ夫人は、心のなかでそれを聞き、

「ああ、大丈夫だ、指導霊が肉体を支配している……」

と直感するのであった。

Ｓ博士は、手拭いを水に冷やして、私の頭に乗せている。そして、

「高橋氏が死んでしまったら、新しい大阪の同志三万数千人はどうなってしまうのだろうか……」

と先の心配をしている。

Ｍ住職は、私にとっては、一番最初の弟子であり、その心配は大変なものである。一所懸命に、私の心臓に神の光を与えている。

このような、三人の心と行動が、私にははっきりと手にとるように見えてしまう。

しかし私は、ドームのきびしい波動のなかで、人生のすべてを反省するのであった。

私の説いていることに間違いがあろうか。

正しいという規準、これに間違いがあろうか。

苦しみの人生から解脱する道、八正道、これ以外にないはずだ。

自分が増上慢になっているだろうか。

私利私欲の心があるだろうか。

行動に間違いがあったろうか。

ついに〝もう一人の私〟は、自分自身の欠点の追究、反省を行なっている。

ドームのなかには、依然としてはげしい振動のような波動が伝わってくる。そして、ドームのなかにいる位置は変化していない。

ドームのなかを上昇してもいないし、下降してもいないということだ。

私はこのなかで、腕を組んでじっくりと反省を続けるのであった。

私の行なっていることと神理には、絶対間違いはないし、全く習ったことのない仏教の真髄が解っているということも不思議なことだし、歴史的なその経過も学ばないで知っている。

私自身が、その不思議さを、一番知っているのである。

しかし私には、大きな執着があった。

私は電気会社を始めとする、いくつかの会社、ビル、駐車場などの事務的諸問題について、私以外に知る者はいない、ということに気がついたのであった。

ああ、しまった。

この問題を残しているが、どのように連絡したら良いだろうか。

実印、鍵、書類、しかけている仕事……私の心のなかには、次々と生きている者に受け継がなくてはならない問題が、思い出されてくるのであった。

今、建設中の仕事、さあ、……どうしようか、どのように連絡しようか。

しかし、肉体は全く、呼吸も心臓も停止している。

もう一人の自分が入れないのだ。

しかし、あわててはいけない、と私は、心を落ちつけて、ドームのなかでその対策を考えていた。

そうだ、妻が心の窓を開いているから、次元の異なった世界とも話ができる。実在界へ帰ってから、霊的現象を起こして、連絡をしよう。

しかし、もっと身体を大事にすれば良かった。失敗をしてしまった。ああ、しまった……と、私は何回も考えるのであった。

神理に関しては、十分ではないがその頃四冊の著書を残したから、心ある人が必ず受け継いでくれるであろう。

私はそう思ったから、この問題については、ほとんど執着心がなかった。

ただ、仕事の残務と、家族の問題だけが心にひっかかっていたのであった。

まことに不思議なものである。

一生の反省と、残っていた執着心を、一時間くらいの間に、全部猛スピードで処理することができたのであった。

ドームのなかから、〝もう一人の私〟は、下に降りると同時に、横たわっていた肉体舟を支配し始めた。

肉体舟は、そのとたんに、大きく息を吐くのであった。

「どうも皆さん、心配かけて申しわけありませんでした。すみません」

と私は、初めて自分の口をとおして、周囲の人々に話すのであった。

皆は、胸をなで下ろして、ほっと安堵するのであった。

しかしまだ、眼を開けることはできない。

もちろん、身体を動かすこともできなかった。

再び、身体の苦しみが、心のなかに伝わってくる。

肉体舟から降りて、ドームのなかに入るときは、気持が悪くはなかったが、肉体舟を支配し終わると、先ほどの気分の悪さがもどってきたのである。

こうして、私は、死の土俵ぎわに立たせられて、初めて、いかに一日が大事であるかということを、悟ることができたのであった。

この現象界に、思い残すことを持っていれば、それはやはり苦しみである。それはちょうど重い荷物を、あの世に持って行くようになるからである。

つまり、一日一日を一所懸命に努力し、正しい心の物差しで反省して、いつこの世を去っても、思い残すことがないような生活が、もっとも大切であるということだ。

さらに重い荷物を持ってしまうと、私は、そのとき完全に地獄に堕ちたことであろう。

思い残す執着心というものは、電気回路の電気的抵抗のようなものなのかも知れないのである。

常日頃、止観の状態で、〝もう一人の自分〟が離脱するときには、もう一度帰れるという、気軽な心であるから、ほとんど心配したことがなかったが、もうこの現象界に帰れないという結論が出たときは、肉体舟や、身内の者、財産など、現象界のすべてから心を離さなくてはならないのである。

私は、このような体験をとおして、今は、すべて心にひっかかりを持たないよう、いつ実在界から帰還命令がきても、応じられるような心境になっている。

一日一生。それは一九七一年の最大の悟りであった。

頭では解っているが、実行するとなると、これも、なかなかきびしいことだといえよう。

しかし、誰もが、このような生活を送ることが、正道といえるのであろう。

自らの欠点を、勇気をもって修正し、八正道の実践行為をするとともに、多くの人々の幸福のために奉仕することが、さらに大切な、私達の修行だ、ということである。

たとえ、イエス・キリストでも、ときの権力者という心ない悪魔達の手によって、ゴルゴダの丘で十字架にかかったように……。

たとえ、神の加護があったとしても、その死への原因を造れば、人類は、いつでも無常の風に吹かれてしまう、ということだ。

実在界、あの世から見れば、死は、この現象界から帰るということになるのだ。

そこへ帰るためには、古い傷だらけの肉体舟をこの現象界に放置するだけで、私達は、今の肉体舟と同居している新しい肉体舟、即ち私達の眼に見えない光子体舟にのって行くことになっているのである。この新しい身体が、いかに光明に満たされているかということによって、自分の帰るべき場所が定まってしまうということだ。

心の光明も、自分自身の日々の心と生活状態が、いかに正しいものであったか、ということで光子量に差ができ、死後の行くべき段階もまた定まってしまうということである。

つまり、即身成仏ということは、正道を悟り実践しない限りなかなかむずかしいということである。正法を悟らないで、行ないを正すことなく生活して、苦しみから解脱することなく、この世を去れば、間違いなく地獄界に堕ちてしまうだろう。

末法の世ともなれば心の中の、法灯は消え、心喪失時代になり、人間は物質経済の奴隷となり下がってしまうため、即身成仏は遠い夢となり終わるだろう。

人間が造り出した、文明という生活の知識が、自然の環境を破壊し、スモッグは太陽の光をさえぎり、光化学スモッグという副産物を造り出したように、心を失った文明はこの地球上に、混乱した阿修羅界を造り出し、神の子同士の慈悲、愛を忘れ、人類は皆同胞だという神の心を忘れ去ってしまうものだ。

私達は、自ら造り出した心のスモッグを払い退けることが急務といえよう。

一日一生は、自らの心と行ないに精進しない限り、果たすことはむずかしいものである。しかしこの行為の積み重ねによって、本当のユートピアが完成されて行くのである。

それは、心の奥深くに潜在している偉大な仏智をひもとく鍵になるのだ。

反省によって心の曇りは晴れ、偉大な光明の世界に通じて、光の天使達の協力が得られるようになるだろう。

不調和な心の世界は、霊囲気は曇り、暗い世界の地獄霊達によって占められている。

自ら造り出した不調和な行為によって、人間が混乱した社会を形成するとすれば、苦しみの加担者となるだろう。

人間は、一秒、一秒、経過して行く時間のなかで、心と行ないがいかに重大であるかを悟らなくてはならないのである。

4　一念三千

人の心は本来、自由である。

その広がりは、宇宙大にまでおよんでいる。ふつうは、その広がりを体験として認識していないだけの話である。

しかし私達が夜空の輝く星々をみて、大宇宙は広いなあーと感ずる心は、宇宙大にひろがったその心を客観的に感じているのである。

誰しもそうした心を内在しているのだ。

そうした広い心を持ちながら、その広い心が生活の上に現われてこないのである。これは何に原因があるのだろう。肉体という、五官に心が奪われているからだ。

そのために、人の心は、非常に小さく、あるいはゆがんでしまい、本来、広く、丸い、豊かな心が生かされないままになっているのだ（三四二頁の図参照）。

仏教に一念三千という言葉がある。一念三千とは、人の心はどこへでも通ずる、そのことをいっているのだ。悪を思えば悪、善を思えば善に通ずるのである。

心の針は、この世だけでなく、あの世の世界に、そのまま、ストレートで通じてしまう。そのため、五官に左右され、自己保存の心を動かし、人を憎み、怒り、そねみ、ねたんだりすると、そうした想念が集まっている地獄界に、意識が通じ、やがて、自分自身が、そうした想念の渦にはまり、さまざまな障害となって生活上の問題をひき起こしてくる。

反対に、広い心になって、愛と慈悲の生活、人を生かす正道を実践しておれば、天上界に意識が通じ、守護・指導霊の光をうけることになる。

人間の心は、丸く大きく、豊かなものだ。広い心は、光の天使の導きをうける。いつどこに行っても通信が送られ、その人を善導してくれる。肉体人間は、明日の生命すらわからない。それだけに迷うが、しかしそうした迷いの中にあっても、正道を守り神仏を信じ、広い心を失わなければ、必ずその人の前途に希望を与えてくれる。

五官に動かされた狭い心は、広く大きく自由な心を自ら閉ざすものである。

一念三千の言葉は、中国から来たもので、天台智顗《ちぎ》という人が使ったものである。

一念とは、想念の針である。こうしたい、ああしたい、あれが欲しい、これが得たい、という想念である。

人間は二つのことを同時に思うことはできない。一つしかできない。その一つの悪を思えば、地獄に通じ、善を思えば天上界に通じてしまう。従って悪は思ってもいけないのだ。

三千とは、三という数は割り切れない数である。二とか、四とか、六なら割れるが、三は割れない。千という表現は、大きいことを意味し、そこで、三千とは無限大という意味になる。

一念三千は無限大の方向に突き進む、ということだ。

悪を思えば、悪の極に、善を思えば善の極に通じる。

一念三千を角度をかえて解釈すると、人の心の無限性、つまり、自由をいっている。

しかしその自由な心を、悪につなげればやがて自分自身の首をしばることになってしまう。

いったい、悪とか善は、何を規準にいうのであろう。

ふつうは、人を殺《あや》めてはいけない、人の物を盗んでは悪いことだ、という解釈である。もちろん、盗んだり、殺したりすることは悪にちがいない。ところが、正法からみた善、悪は、そうした行為を動かす心を問題にする。つまり、欲しがる心、人を憎む想念は、自分が可愛い、自分さえよければという自己保存、自我我欲があるからだ。もしそうした自我がなければ、盗んだり、横取りしたりする気持は働かないはずである。

一切の悪は、自己保存なのである。自己保存から出発する。自己保存を中道に戻し、足ることを知った生活行為をして行けば、この世は調和された社会が生まれるだろう。

神の審判は、人の行為も勿論だが、それよりもまず、その行為を行為として働かすところの心、自己保存の想念、悪の一念が、いちばん重要視されるのである。

そういう意味においてまず私達は悪を思わず、常に善念を持って、正道に適った生活をして行くようにしなければならない。

家庭の不和、病気、事業上の問題、公害、さまざまなトラブルは、自己保存と足ることを知らない欲望がなせるワザであることを知らなくてはなるまい。

5　知識と智慧

知識と智慧について、これを同一にみる人は少ないだろう。だがこの両者の隔絶したちがいとなると、誰しも、二の足を踏むにちがいない。つまり、ここからここまでが知識であり、そのほかは智慧だとはなかなか区別がつけ難いからだ。

智慧とは、内在された生きた経験である。

知識は、この世で学んだ諸々の知識それをいうのだ。

大学で学んだ知識が実生活にどれほど応用が可能か。まず十の知識のうち、一つか二つだ。学者や特殊な職業の人ならいざ知らず、社会に出た人々の応用範囲は、本当に微々たるものにすぎない。

知識を応用して実生活に活かそうとすると、大抵は失敗をする。大学教授や学者に、政治や実業をやらせてみればわかる。成功した例はきわめてすくない。

生活の場は、生き物と同じであり、時々刻々変化している。昨日の知識は今日には役立たないことの方が多い。

今日の医学は百年前より長足の進歩を遂げている。しかし医学の進歩と共に、新しい病気がふえている。次々と新種の病気が現われ、医学がそれについて行けぬというのが現状のようだ。

これについてある人はいう。医学の進歩があったから、これまで未発見の病気が発見されたのだ。もともとそうした病気があったけれども、医学が幼稚だったから分らなかったのだと。またこれまでの医学は治療医学で予防医学は未開拓である。そのために病人が後を絶たない、ともいう。

私は医学を否定するものではない。医学の分野で治せる病気も多いし、そうした治療をした方が良いという場合もあるからだ。

ただ病気の八割近くは、物理的治療では治らぬことが多い。なぜかというと心が病気をつくっているからである。新種の病気が医学の進歩と並行して現われてくるのは人間の心が、モノを生み出し、時代と共に欲望の方向が変化しているからなのである。

これまでの医学は、物質科学で、物理的治療のみにウエイトが置かれている。人間の心についての理解が欠けていたようである。だから、物質科学としての医学は進んできたが、病気の間口は、時代の変化とともにひろがっていくため、医学と病気は絶え間のない競争関係におかれているといえるだろう。

私がここでいいたいことは、知識と現実である。医学といういわば科学知識の頂点をゆく学問すらも、病気という現実の前には多くの問題をかかえているという事実である。学問、知識にはある一定の限界がある。私達の生活の場は、知識や学問によって支えられているのではない。といって、学問、知識の必要は今更述べるまでもないが、要は、私達の毎日の経験が、私達の実生活を活かしているということである。いうなれば毎日の経験から生み出された生活の智恵が、私達を支えているのである。

どんな職業にしろ、あるいは家庭にあっても、知識だけでは計り得ない何かがある。その何かとは経験である。経験によって習得し、はじめてものの用に役立ってくる。昔から、覚えるより慣れろ、という諺があるが、どんな職業でも、一人前になるには三年、五年の歳月を必要としよう。大学を出て、就職してもスグには役立たない。大学を出たからといって、十人が十人、指導的地位に立つとはかぎらない。小学校だけでも立派な社会人として、大会社の社長をこなして行く者もある。こうした例はその人の経験と努力によって得られたものだ。実社会での生活の智恵が、それをさせたといえるだろう。

本来、智慧とは何か。智慧とは生きた経験の集積である。その集積が、縁にふれ、おりにふれて、時々刻々変化する事象に対して、通常はひらめきとなって、人によってはもっと具体的に、適切な判断となって現われてくるものだ。

智慧は、知識や頭脳の働きからは生まれてこない。智慧は、心から、生じてくる。頭にいっぱい知識が詰まっていると、智慧は生じ難い。知識が智慧の湧現を押さえてしまうからだ。

智慧の宝庫は、潜在意識にある。潜在意識が開くと、智慧が流れ出してくる。仏智という言葉があるが、仏智とは潜在意識の奥底から泉となって、表面意識に流れ出した偉大な波動であり光である。

見えない世界が見え、五官で判断がつかない問題が解けてきて、日常生活をより豊かにしてくれるものだ。

私の仕事は電気が専門である。電気のことなら、大抵のことはわかる。ところが仏教の知識は全然ゼロである。経文すら習ったことがない。学んだこともない仏語《ブツゴ》が、経文が口をついて出てくるし、その意味もわかるのである。

電話で顔を見たこともなく話したこともない人から突然相談をうける。するとその人の姿を見なくとも、電話口に出たその途端にその人の全貌がわかってしまう。

なぜわかるのだろう。人の潜在意識層には、皆それぞれ魂の兄弟がいて、所謂、守護霊となって、その人を守っている。その人の生まれてからの人生を、その守護霊は皆知っている。私は、その守護霊から、様子をきくのでわかるのである。

こうしたことは知識からは決して生じてこないだろう。今世の知識以前の生きた経験がそれを教えてくれるのである。

人には皆、過去世がある。転生輪廻の生きた経験が、人それぞれの潜在意識に内在されている。その内在意識が、心の窓をひらくことによって、流れ出てくるのだ。

既述したように、心の窓は、正道に適った生活をすることによって、ひらく。

すると、その人の過去世の経験されたものが、表面意識に流れ出て、人生の水先案内をしてくれるのだ。

　もちろん、人の過去世はまちまちである。正道を学んだものもおれば、欲望の中で一生を終えた者もいよう。したがって心の窓がひらいたからといって、なんでもわかるとはいえない。都会人に米をつくれといっても、田植え一つできないのと同じだ。過去で経験しないものはわからない。しかし、こういうことは、いえるのだ。毎日の生活が、正道に適っており、そうして常に努力を惜しまない人であれば、守護霊のほかに指導霊がついて、その人の努力に応じたものを与えてくれる。だから、過去世で経験がないからといっても、心配するには及ばないのだ。

　また、潜在意識を開くことを霊道を開くというが、霊道が開かない者でも、智慧は湧いてくる。その人の毎日の生活が正道にそった生活をしていればそうなるのである。

　智慧のほかに、悪知恵というのがある。

　世間には悪知恵を働かす者が非常に多く、そのためにいつの世も常に不安と混迷から抜け出せない。

　悪知恵は、悪魔とか、動物霊が人の意識を支配すると働いてくる。

自己保存、我欲、人のことはどうでもよい、という考え方が強くなると、こうしたものが憑依してくる。

悪魔や動物霊が憑くと、病気になりやすく、医者に行っても、なかなか治らないが、そうした病気という現象のほかに、人の心をあやつり、威張りたがる、人のものを横取りする、独占したがる、人情酷薄、というのもあろう。

人も十人十色ならば、悪魔や動物霊もさまざまなのだ。

仏智とか、守護・指導霊から湧いてくる智慧は、調和である。人を生かす智慧である。人を陥れる知恵ではないのだ。

私達はこの点をよく知って、正道に適った生活を送らなければならない。

6　心行の言魂

大自然の支配者である神は、公平にして無私、人もまた、平等にして差別のない心の所有者である。

それなのに、人の世は能力の別、好みの別、体力の別、知識の別、節度の別、生まれた環境の別があり、喜怒哀楽にも、相違が出ているのはなぜだろうか。

働く者とその義務を怠る者、行動する者と傍観する者、学ぶ者と享楽に耽る者、今日に生きる者と明日を楽しむ者、健康な者と病弱な者、自分にきびしい者と人を責める者、愛情深い者と薄い者、和合を旨とする者と争いの種を蒔く者、謙虚な者と自分を高く見せようとする者、責任を果たす者と依頼心の強い者、足ることを知る者と欲深き者……。

こうした相違が、平等であるべき人間に不平等を造り出している。

しかし、神は、決して人間を不平等には扱ってはいない。

自らの心に思うことと行なうことの調和度がその人をつくり、正しい者達の心には、光明が射し、安らぎに包まれるのである。

ちょうど、青天の太陽の光が、万物万生の成育のエネルギーと変わるように、人間の心のエネルギーもさまざまのものを育てる。暗い心は、あたかもモヤシのように暗いむしろのなかで、光をさえぎって育つものを育てるのだ。

それでも神は、平等に、慈愛の光をそそいでいる。

それを、受けるか受けないかは、その人の心と行ないによるだろう。

愛とは、寛容である。

包容力である。許すことである。

もし、この地上に愛がなければ、人の世は、水のない砂漠を行く旅人のように、飢渇に泣き、他をかえりみるいとますらないであろう。

愛は助け合い、補い合い、かばい合い、許し合う、そのなかに生きている。

愛は、神の光なのである。

地上の灯なのである。

暗闇にさまよう人々の心にうるおいをもたらし、生き甲斐を与えてゆくものである。

愛とはまさに、灯台の灯ともいえよう。

しかし、愛に溺れてはならない。

愛は、峻厳だ。

愛は、自分に打ち克つ者、向上を目ざす者に与えられるからだ。

暗闇の世界は、自らの進路さえ迷わせる。

前途に何が立ちはだかっているか解らないし、いつ足を踏みはずすかも知れない。焦燥感に襲われることだってあるだろう。

この暗闇の世界を支配している、ならず者の群れ、脅迫、強盗、迫害、暴行、詐欺……などは、そのまま恐怖の世界であり、すべて満足することのない、欲望の尽きることのない苦しみの世界である。

それは、光明を失った人々の、悪想念が造り出したものである。闘争と破壊、暴力、武力がまかりとおる世界といえよう。

慈悲深く、愛をほどこせる者は、自ら安らぎの心をつくり、人々の心に光明を与え、悪魔を支配する正しい道、神の道を行く者だ。

悪魔に勝る道は、慈愛の心と行ない以外にないであろう。

悪魔は、己の心のなかにもひそんでいる。

正道を悟って勇気と努力の実践に、偉大なる智慧が加わり、自らの欠点を修正したとき、心の悪魔は亡びるであろう。己に打ち克つことのできる者こそ、真の勇者といえるのである。

人の魂は、転生輪廻という神のはからいから、一歩も外に出ることは不可能なのだ。

なぜなら、人は神の子であり、神仏自身であるからだ。

神仏は、無限の進化をめざし、無限の大調和を目的としている。

人の転生は、その目的のもとに、永遠に続くだろう。

大自然の輪廻とまったく同じで、人間だけが別ではないということである。

人がもし、この法に反し、恣意を求め、自我に身を置けば、その人は、その分量だけ、償いの労を課せられるだろう。

作用と反作用の法則である。

物質もまた、輪廻をくり返している。

集中と分散という過程をとおして、そのエネルギーは永遠の活動を続けるだろう。

それも、すべて外部からの縁の働きによるものだ。

原因と結果という、〝法〟を曲げることはできないだろう。

その活動の目的は、生命の転生輪廻を助け、あるいは媒体としての役割を果たしている。

生命も物質も、このように、転生輪廻という神の〝法〟の下に、神の目的を果たすために生かされ、存在しているということである。

人は、目覚めているときは、肉体を自分だと思っているだろう。眠っているときは、肉体が自分自身だとは思ってはいない。他からの力を受けない限りそのときは無自覚だといえるだろう。肉体舟から船頭が、降りているからである。

親も、兄弟も、妻も、子供も、友人も、職場も、何もわからない。五官の機能が、何も受けないからだ。

しかし、鼻の穴も、耳の穴も、ちゃんと開いている。ただ、意思を働かすことができないのである。

目が覚めて、肉体舟の自分を自覚し、妻や子供のあることを知る。

ということは、自分にとっては、この世の一切の〝モノ〟は自分という意識があって、存在するということだ。

自分という意識がなければ、この大宇宙も地上世界も、自分の肉体も認知することはできないだろう。

自分の意識というものは、そのように偉大であり、意識は宇宙大の広がりを持っているといえよう。

この意識こそ、神の心に通じた、本当の己の心ということだ。

不変の魂ともいえよう。

７　正法とは調和の道

正法とは、大自然の法則と、人間の心と行ないの法則が調和された道をいう。

春夏秋冬の四季、昼夜の別、生者必滅、因果応報、すべて、ことごとく正法にかなわぬはない。

自然の姿が変わらない限り、正法も変わらないだろう。

正法は永遠であり、仏教の哲学的用語のなかにのみあるのではない。

私達の身近な生活環境のなかに、正法は存在しているということだ。

私達の手のとどかないところに存在しているのではない、ということだ。

人が、永遠の生命を発見しようとするならば、正法を学び行じる以外に、それを果たすことはできないだろう。

自然は常に、地上の人間に生きる方法を教え、大慈悲を与えているのである。

真は偽の反対、偽があるから真があると人はみるだろう。

だが、正法の理は、ただひとつの神の理をいうのだ。

正法の神理は、大自然が教える教えなのである。

類は類を呼び、友は友を呼ぶ。

心は万物を生かし、愛はすべてをいやす。

水は低きに流れ、低きに流れることによって、その生命を保つ。

己に生きる者は、人をも生かす……。

正法にもとづく神理は、永遠にして不変である、ということだ。

行ないのない正法は、あたかも絵に描いた〝モチ〟である。

その味わいは解らないであろう。
正法は、生活のなかに生かされて、生きているということだ。
自然を見よ……。自然は、一刻の休みもなく動いている。
停止することもなく……。
自然は常に動き、常に行じ、行じるから正法はそのなかに生きているのだ。
このように、正法は、中道によって生きている。
正法は知識ではない。観念でもない。あくまでも行ないなのである。
正法を悟った者は、行ないによって、大自然と一体になる。
宇宙即我の境地のその極致といえよう。

この現象界の万生万物は、すべて輪廻し、かたときも今の位置を保つことはできない。
無常の姿である。
人の想念も、輪廻の循環を続けている。悪い想念は、悪に通じる。
幸福を求めるならば、まず悪の想念から離れることだ。

怒り、憎しみ、そねみ、嫉妬、中傷など、こうした想念を摘みとり、責任、博愛、勇気、智恵、努力、進歩、調和など、善の想念を抱くように心がけることだ。

人の幸不幸の根本は、毎日の想念と行為の結果にかかっている。

多くの〝物〟を持つ者と持たない者。

そのどちらが幸せであろうか。持つ者か、持たない者か。

もし、持つ者がそれを失うまいとして、一層殖やそうとすれば苦しかろう。

持たない者が、それを欲すれば、欲望のとりことなる。

このいずれも不幸な者達であり、心の貧しい者達だ。

一日の食糧は、数片のパンで足り、住居の空間は、数平方米《メートル》で足りるのである。

物の多少に幸、不幸があると考える人は、本当に不幸である。

なぜなら、あらゆる物質は、やがては、大地に還元されてしまうものだからである。

人は、生まれたときも、死ぬときも、裸一つだということを、忘れてはならないだろう。

幸せな人は失うもののない人で、常に足ることを悟って生活をする平和な心の人々である。

この大自然界は、神の慈悲と愛によって存在している。

人間もまた慈悲と愛の心の所有者である。

正法という、神仏の法にふれた者は、まずその心を体し、その意を汲み、実践する者でなければならない。

慈悲を法にたとえれば、愛は法の実践行為である。

慈悲を神とすれば、愛は人間の行為を意味する。

慈悲は、万生万物に無限の光を与えるもので、愛は寛容にして助け合い、補い合い、許し合う行為といえよう。

慈悲も愛も、自ら助ける者にその光は与えられるということだ。

心ない者、実践をいとう者には、慈悲の光もとどかないであろう。

愛を欲する者は、愛の行為を示さなくてはならない。

慈悲の門をくぐろうとする者は、法の心を汲みとることだ。

末法を救う者は、如来であり、神の使いである。

如来は正法を説き、慈悲と愛の光明を、衆生に与えずにはおかない。

慈悲は、愛の行為によって輪廻する。

慈悲は、神の縦の光、愛は実行の横の光といえよう。


怒りは、そこにどんな理由があるにせよ、その波動は、やがて己に返り、魂の前進をはばむことになる。

己にきびしく、他人に寛容、実るほど頭の下がる稲穂かな、の心境になるべきである。

常にとらわれのない柔和な心は、神の心であり、法の心でもあるからだ。

妥協は、調和の姿ではない。自我がともなうからである。

妥協によって、ひとときの平衡が保たれても、自己主張をとおそうとすれば、この世は一瞬にして暗黒となるであろう。

妥協は、破壊を防ぐ、一時の防波堤にしかすぎない。

永続は不可能だ。

なぜなら、妥協には、心からの共感がないからである。

調和は無限の進歩と、安らぎを与えよう。

調和の根底には、愛が働いているからだ。

愛には、自己主張がない。おごりがないし、へつらいもないだろう。

喜びや悲しみがあったとしても、それにとらわれることがない。

苦しむ者があれば、その苦しみをいやし、悲しむ者があれば、光を当てて、希望を与えるだろう。

愛は、神の心であり、私心のない、神に通じる偉大な架け橋なのである。

この世が、愛に満ちれば、地上には、仏国土が誕生するだろう。

神は、それを望み、その日のくるのを、辛抱強く待っているのである。

地上界の人類が調和への霊囲気に包まれることを――。

（心と五体の電気的仕組み）

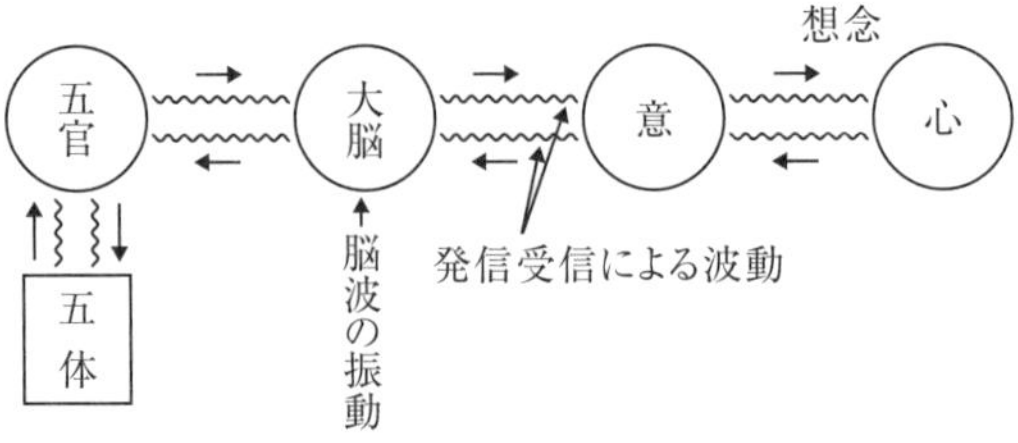

8　瞑想的反省の意義

禅宗の座禅の目的は心を空《カラ》にし、その空の中から己を見出そうとするらしい。一般的には無念無想になることが、仏を見性することになるらしい。

ところがゴーダマ・ブッタが教えた瞑想はそうではない。毎日の想念と行為の在り方が、中道に適ったそれであったかどうかをたしかめ、誤りがあれば、神に詫び、智慧と勇気と努力で、二度とその過失を繰り返さない自分を修正して行くことにあった。

したがって、瞑想の目的は反省にあって、一日二十四時間の、正しい生活をめざすものであった。瞑想のための瞑想ではないのである。

何事によらず、私達は反省することによって前進する。学業にしろ、職業にしろ、人生の問題にしろ、反省なくては進歩もない。

私達の人格を形成する心と行為の問題も、反省を通じてつちかわれ、安らぎある自分を見出すことができる。

反省は、いつ、どこにいても可能だし、なれてくれば、一秒一秒がそれにつながっている生活といえよう。

しかし瞑想による反省は、反省の中身をより深くし、充実したものにする。

なぜかというと、中道を尺度とした反省をすると、必ずといってよいほど守護・指導霊が傍に来て、その反省を助けてくれるからだ。

また瞑想は、軽く目を閉じ中の目をひらき思念を一点に集中させる、もっとも良い方法なのだ。目を開けていると、思う、考えることがどうしても散漫になり、まとまらない。外界の動きに気を取られるし、考えが浅くなる場合が多いのである。

私達の心と肉体の関係はさきにもふれたように、別個に存在している。めざめている時はそれが一緒になって生活するので、肉体そのものが精神をつくっていると考え勝ち

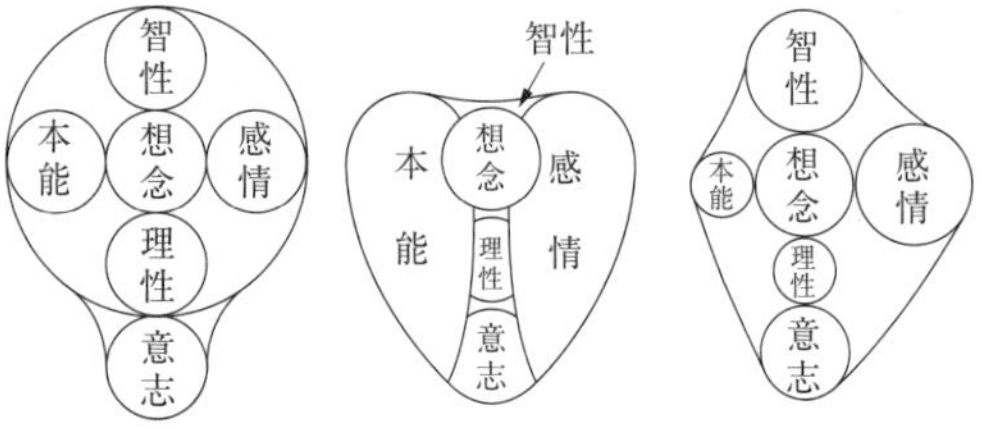

（正常な心）　（ハート型の心）　（思想的に片寄った心）

だ。

心と肉体の波動は図（三四〇頁）の通り、心、意、大脳、五官、五体という順序で伝わる。

私達が物を見て美しい、醜い、と感ずるのは眼という五官から大脳に、そして意に伝えられるからだ。もし、就眠していれば、第三者が眼をあけさせても美醜の感覚はおこらない。

私達の心の姿は、丸く大きなものだが、右のような五官を通して、さまざまなゆがみをつくっていく。

それが中道という尺度を持って、外界からの影響を正しく判断していれば、心のゆがみは生じない。

ところが通常はそういかず、痛い、かゆいという神経が心に伝わるために、五官や五体を中心とした見方、考え方を抱くようになっていく。そのために、意が正しく働かず心に歪みをつくっていくのだ。

恋愛が進行すると、心の中の本能と感情が異常にふくらみ、智性、理性は小さくなってゆく。本能と感情がふくらむと、心の姿は、ハート型に変形する。ハートとは心ということになっているが、本来の心はハート型ではないのだ。

恋愛感情をいだくと、アバタもエクボで相手のいいところだけしか見えない。つまり相手を正しく評価することができない。智性、理性が小さくしぼんでしまうので、これらの機能が十分働かないために起こるからだ。

一方智性や感情が異常にふくらむものもある。これは、主義や思想におぼれるためにおこる。かつての軍国主義者とか、インテリと称する一部の人達によく見られるものだ。

瞑想的反省は、こうした心のゆがみを修正し、本来の丸い心にするのである。

つまり中道という八正道の物差しを持って、自己の心が、現在どのように傾いているか、ふくらんでいるか、人によっては四角四面もあるし、三角形になっている人もいるのだ。心の形はさまざまに変化している。

心のゆがみは、意である自分の意思、つまり考え方、思い方が偏っているためにおこる。

苦しみ、悲しみの原因は、すべて、こうした心の歪みがつくっていく。丸く、豊かであれば、心は安らぎ、不動の自分を見出すことができるのだ。

反省が進み、反省の結果を行為に現わしていくと、瞑想の境地が進んでいく。

つまり、守護・指導霊との対話が可能になってくる。

さらに進むと、自分の魂が肉体から脱け出し、あの世のさまざまな世界を見てくることができる。

また、遠く離れた人の様子を知ることもできる。

もっと進むと、天上界の人達と交流がひんぱんになり、いながらにして、物事の推移が手に取るようにわかってくる。

三昧の境涯とは、瞑想の極致を指すのである。

無念無想となり、気持のよい状態をいうのではない。無念無想は、危険極まりない心の空白を意味し、いつ他界者が自分の意識の中に侵入してくるか分らない。

瞑想中でも自分を失ってはならない。大我の自分は、どんな場合でも、生きとおしの自分であり、瞑想が深くなれば、ますます大我（別名を無我ともいう）の自分が躍動してくるものである。

反省の瞑想は瞼を軽く閉じ、瞼の中の眼は真っすぐ前方をみつめる。瞼を閉じると大抵はねむけを催し、反省が思うようにゆかないものだ。そうならないために中の眼は前方をみつめるようにするのだ。

ねむくなると、たいていは中の眼は上に移動する。疲れた時、夜が遅い場合は、瞼を閉じると、自然にコックリがはじまる。瞼があいているときはそうでもないが、瞼を閉じるとそうなるものである。これは自然現象であり、生理的なものなので仕方がない。

しかし、そうした場合、中の眼を、真っすぐに前方を見定め、意識をしっかり定めていると、そうねむくなるものではない。

それればかりか、心が一点に集中でき、反省が比較的容易にできるものである。

瞑想というと、ふつうは黙って目をつぶり、さまざまな妄念がおきないよう、つまり雑念がおこらないようにすると考えがちだが、これではいけない。瞑想の意義はまず反省の瞑想をくりかえし、守護・指導霊の光が届いたときに真価が現われてくるものだ。

反省もせずに、いきなり、雑念を払う瞑想をしたり、そうした習慣が身につくと、心がゆがんだままであり、そのために、ゆがんだ心に通じた悪霊を引きこんでしまうのである。

正道を知らずして、座禅をすれば悟れるということで瞑想の行を積むうちに、魔に犯され、精神分裂や肉体的欠陥に悩む者が出てくるのはそのためである。

したがって、反省は瞑想にとって絶対欠くことの出来ない基本的な行法であり、心の曇りをのぞく、唯一の方法なのである。

瞑想はどうしても夜になる。朝、昼は仕事に従事しなければならないし、仕事をせずに瞑想ばかりしていたら、生活に問題が生じてこよう。

夜になると一日の疲れも出るし、前記のように、瞑想に入るとねむけを催してくる。どうしても反省に集中できないという場合は、瞼を軽くあけ、座している少し前方に視点を定め、反省するようにすると、ねむけは解消できる。反省になれてきたなら、再び眼をとじ、瞑想の反省に入って行く。

夜は昼間とちがい、雑音が少ない。草木の活動も静まり、動物達も眠る。それだけに、夜の瞑想は、深くなり、心が統一しやすい状態になる。

同時に、あの世の天使達の通信も受けやすい状態になる。昼間は、家事や仕事に気をとられるので、天使達の通信をキャッチしにくい。

ゴーダマ・ブッタの瞑想が、ほとんど夜、それも今の時刻で午前一時から三時の間に集中したのもそのためであった。

ただし反省の瞑想をせずに、雑念を払う意識の空白状態や執念に心を奪われると、魔が入り易い。これは昼間よりも危険である。

百鬼夜行というように、夜は魔も活動しやすいのである。

反省の瞑想をしておりながら、それを終えて夜ねむれなくなるような場合は、反省の仕方に、どこか間違いがあり、反省ではなくて、何かにとらわれているのである。

こうした場合は地獄霊が近くにいて、本人の意識に入りこもうとしており、まことに危険である。こうした状態が毎夜続くとノイローゼになっていく。これは反省ではなく執着なので、こういう時は反省の瞑想はしばらく休まれた方がよい。

正道にもとづいた反省をしている時は、守護・指導霊が近くに来ており、本人を守っている。魔は絶対に近寄れないものだ。したがって、瞑想を終えればすぐ就寝できる。

こうして、反省の瞑想をつづけて行くうちに、守護・指導霊との交流がはじまり、対話が可能になってくる。

つまり、心の曇りが晴れてきて、いつ、どこにいても、守護・指導霊の導きが可能になってくる。

瞑想は、第一段階から第九段階まである。

守護・指導霊との対話は、第四段階である。

第一段階は、反省である。第二は、反省後の心の統一。第三は守護・指導霊との交流となり、そして第四に入る。

こうした区別は、反省を重ね、心の曇りを払い、日常生活に反省の結果を行じることによって、理解されてくる。

第五、第六、第七と上にあがって行くが、第六まで行く人はかなり限られてくる。

第八は、如来の瞑想であり、座していながら外界の動きが手にとるようにわかってくる。

第九は、ゴーダマ・ブッタ、イエス、モーゼの瞑想である。

この瞑想は過去世の修行を積み、神と直接交流できた人の境地である。ここへは余人は近づくことが出来ない。

過去世の修行により、また今世で徳を積むことによって、第六までは誰でも上がれる。

しかし、それ以上になると、なかなかむずかしいものである。

何れにせよ、反省の瞑想は、モーゼも、イエスも、そして釈迦も行じて来た大事な行法であったのである。

9　神は光なり我とともに在り

人類は、神の子としての人格を持って、大宇宙体の各細胞とともに、神の心である大調和に、ユートピア建設のために、永遠の転生輪廻をくり返している。自ら、より豊かな広く丸い心を完成し、大生命に調和するため、今も輪廻をしている途上なのである。

地球という場に適応した肉体舟に乗って、私達の魂・意識は、その目的を果たすため、不安定な、固体的物質界の混乱した不調和な世界にあって、一秒一秒の過ぎ行くなかであらゆる体験を積んで修行を続けているのである。

私達が体験した一切の諸現象、想念と行為は、自らの意識の内部にある記憶連合領ともいうべき想念帯に記録されている。

過去世の体験と想念も、潜在された想念帯に、奥深く秘められているということだ。

この偉大な宝庫の扉を開くことができるのは、神でも他人でもない。

自分自身の正しい想念と行為の積み重ねによって、神の心と調和されたとき、仏智は開かれるのである。仏教では、それを、摩訶般若波羅蜜多と教えている。

内在された、偉大な智慧に到達するということなのである。

意識界は、三次元の物質的な固体的不安定の世界とは異なり、もっとも精妙なすべての物を造り出す、実在の世界であり、高次元の世界なのである。

自ら求めて偏りのない人生航路を渡る修行者は、欠点を素直に認め、こだわることなく反省して、常に前進すべきである。自らの心の偽我に打ち克つことのできる者こそ、真に善我を悟った勇気ある人といえよう。

人間は、高次元の世界から、自ら両親や環境を選んで、肉体先祖から継承されてきた肉体舟に乗って、きびしい盲目の人生を体験している修行者なのである。

闘争も破壊も、人類が神の子としての自覚を忘れて造り出してしまった、不調和な想念の現われなのである。

やがて、人類は、皆同胞だという偉大な仏智に目覚め、共存共栄のユートピアを自らの手によって築くことであろう。

今経過しつつある不調和な混乱は、永い歴史のなかで人類が造り出してきたものであるが、やがてその愚かな不調和な諸現象から脱皮して、人類は神の子であるという尊厳を自覚して、自ら豊かな、神の意にそった広い慈悲に富んだ心を造り出して行くのである。

今経過しつつある地上界の混乱と迷妄は、やがてくる神なる国、光明の世界への足がかりなのである。

歴史の過程のなかで、混乱を造り出した不調和な者達の行動を、私達は、生まれ出てくる前世、実在界で見守りながら、先輩達の誤りを二度と犯さないと、心に誓って生まれてきたのだ。しかし、私達は、この事実を、肉体舟に乗って生まれて出てきたときから忘れてしまったのである。

苦しみも悲しみも、自らの心の作用をともなって造り出したものである。

苦楽の体験も、悟りへの道程といえるだろう。

なぜなら、わが心のなかで通じている神なる意識は、人類が、自分で自由に体験してきた、不調和な想念と行為の誤りや人生の課題を反省することによって、心のなかの暗い不調和な曇りを払い、真我即ち善我なる偉大な智慧を持ち得るようになるのである。

自らの実践と努力によってである。

人類が、自然の大調和に至る道を選ぶか、混乱した不調和に至る道を選ぶかは、自由の権限を与えられているのである。

しかし、人間は、物質的欲望や、情欲の自己保存、自我我欲、闘争や破壊の不調和な環境を造りやすいものだ。


何度か同じ誤りをくり返し、苦しみや悲しみを体験し、その結果ついに、慈悲と愛による調和された生活がいかに大切であるか、ということを学ぶのである。

不調和な想念を持ち行動をする、心ない人々によって造り出された集団は、自ら蒔いた悪の種を、苦しみと悲しみのきびしい環境で刈りとらなくてはならないだろう。

そして、自然は、天変地異や火災をとおして、人類に誤りを気づかせる。

さらに同じ誤りをおかせば、より大きな試練を与え、さらに誤りを重ねればきびしい反作用が与えられる。突き離されて、最後は自らの誤りを学ばされる仕組みになっているのである。

私達の心は一念三千で、自由自在の能力を持っている。

この自由な心のうちで、苦しみと悲しみの体験をとおして、反省し、そのなかから人生を学び、心を豊かにする能力を学んで行く。

心の在り方を良く理解し、納得することは、自らの悩みを柔らげる近道なのである。

人のために慈愛を施す者は、他人からも慈愛が与えられるのである。

社会人類のために慈愛を施そうと思っている者達には、慈愛を施される資格が与えられるということだ。

人間は、誰でも、心の奥底で、善い想念と行為の調和を望んでいるのである。

自らの欠点に、強い意志で立ち向かって成功することが、自らの霊囲気を光明に満たす第一歩だといえよう。

悦びに満ちた生活は、私達人類一人一人の、正しい偏りのない物の判断と行動にかかっている。それは、決して遠い理想境ではない。

人類の心と心の大調和が完成されているならば、苦痛や不幸が起こることはない。ちょうど、静かな水面に丸い月影が映し出されるように、心の歪みが丸い心に歪みを造り出しているということである。

人間は、「正しい心の在り方」を探し求めているのだ。それは、あまりにも身近にあるため、気がつかないのである。

転生輪廻の過程において学んだ、不変の正しい規準を、人類は自らの力によって思い出して行くのであろう。

それは、正しい規準が、永遠に変わらない神の心の表現であるからである。

恐怖心は、悪の世界に通じ、現象化されるものだ。

恐れてはならない。

常に冷静にして心を失うことなく、正しい物の判断が必要である。

そして、常に快活にして、朗らかな環境を造らなくてはならないだろう。

ジメジメした暗い環境には、ゴキブリやうじ虫が湧く。

太陽の光に満たされている環境は、美しい緑に包まれ、花々が咲く――。


人類の一人一人は、実在界の天使や光の天使達の監視下にあるのだ。従って、人間の思うことや行なうことは、すべてつつ抜けだといえる。

私達が、二次元の平面の世界に映し出されている、テレビや映画を見ているようにである。

しかし、存在している次元の世界が異なるため、天使たちが直接働きかけることはむずかしい。なぜなら、人々の想念の曇りや晴れ方がよく変わるからである。

正しい想念と行為の積み重ねによって、私達の心の窓は開かれ、自由に見聞できるようになるのだ。

それが見聞できないのは、その人の心の状態が悪く、受信するスイッチの入れ方がわからないからだといえよう。

自我我欲、自己保存の習慣的生活が、〝神は我なり〟を忘れて、小さな心をつくり出してしまったということである。

「神は光なり、我とともに在り」

その実在を知るためには、正法を己の心の物差しとして、生活行為の実践をするなかで発見するしかないだろう。

私達の心が調和され、安らぎの境地に到達し、執着を離れて足ることを悟った生活が実践されたときに、光の天使達が、私達の心のなかに現われるのである。

私達の心の準備ができたとき、指導霊や守護霊達の助力が得られるのだ。

これに反し、混乱した不調和な心と生活が積み重ねられたときには、暗い地獄霊達に見まわれ、さらに心の混乱が生じ、分裂症という病いで己自身の心身を失い、人格が変わってしまう。

しかし、自己の心をとりもどしたときには、その地獄霊達はそばに近よることはできないのである。

いかに混乱した不調和な環境におかれても、真の己自身を忘れてはならない。

それには、五官だけを頼りにしてはならないのである。

常に、私達の意識は、次元を超えた世界、やがて私達が帰らなくてはならない世界に通じているということを悟るべきである。

そして、偉大な光の大指導霊達から送られている調和の光を、丸い豊かな心のなかに吸収することだ。

人類は、もっともきびしい地上界で修行している。それは、人類の試練であるともいえる。この機会を十分に活用し、豊かな心を完成するとともに、社会人類のために奉仕することを考えるべきである。

その結果、自らの心と人々の心の大調和が造り出され、光明に満たされた安らぎの境地がこの地上に造り出されることだろう。

人間は、地上界に一回生まれたというだけで、完成されるものではない。神は、それを望んでもいない。転生輪廻の積み重ねの経験をとおして、豊かな心がつくり出されて行くということを知るべきである。

そして、もっとも重要なことは、無駄な体験をくり返さないよう生活することであるといえよう。

そしてあらゆる体験に対して、感謝することを忘れてはならない。悪をとおして善を知り、善をとおしてより大善を知るようにすること。これが、私達の心を豊かにするための教訓である。

私達の日常生活のなかで、愚痴をいったり、怒ったりといった反抗的な想念と行為が高まるにつれて、心のなかに苦悩の重みは倍加されるだろう。

しかし、心の調和がとれ、安らぎの境地に到達するに従って、苦悩の重荷は軽くなるものである。

人生航路の日々の生活のなかで、心のなかに常に不満があれば、心の歪みは次第に大きくなってしまい、私達の体も不調和な霊囲気に包まれてしまう。

しかし、一切の不満は、自らの心の在り方によって解消できるものである。

それには、その原因をよく追究して、反省してみることが大切だ。

私達には、学ばなくてはならない課題、修得しなくてはならない問題が次々と現われてくるのである。

私達は、常に心に歪みを造ってはならないのだ。

正しい心の規準をしっかりと持ち続けて、生活することが大事だといえよう。

あらゆる苦しみや困難も、神の子としての目覚めへの、神のはからいだということをよく悟るべきであろう。

心の進歩のためには、いかなるきびしい学習も学びとらなくてはならないのである。

私達の魂は、転生輪廻の過程において造り出したカルマの状態と、神理の悟りの程度によって、その学習の程度が決まるのである。

私達の想念と行為を裁くことのできるのは、他人ではなく、自分自身の善我なる神の心であるということだ。

己の心の王国の支配者は、己自身だからである。

罪は、正法を理解せず、実行していないために造り出したもので、それは、自らの心に歪みを造るとともに、他人にも迷惑をかけることになるだろう。

目に見える肉体舟のみが、私達ではないのである。

肉体舟は、私達の一つの表現体で、その船頭である不変の魂こそ、本当の自分自身であるといえよう。

心のなかに、イライラ、恨み、嫉妬、怒り、足ることを忘れた欲望などが生じたならば、すぐにその原因を追究すること。そして反省することだ。暗い想念を造らないために――。

そして、「我は神の子、我が心よ、光明に包まれよ」と自らの誤りを神に詫びて、心に祈願せよ。

そのとき、われわれは、ゴールド・カラーの慈愛の神の光に満たされ、安らぎの境地に到達することができるのであろう。

私達の魂・意識こそ、己自身のもっとも偉大な指導者であり、内在されている潜在意識のなかには、転生輪廻の過程に体験した偉大な智慧の宝庫があるのである。

この宝庫の扉を閉めているのは、自分自身の心の不調和な想念の曇りなのである。

このようにして人生を送っている人間の修行の価値は、豊かな広い心を造り、苦楽のなかから、新しい学習を修得することにあり、人間はより高い次元へ、魂を進化させて行くために、日夜の努力をしなければならないのである。

〝法〟は道であり、道は、実践にある。

そして、人類は神の子としての自覚に目覚め、地上界に、神の心である〝法〟を広め、それを心の糧として生きるべきで、その結果、ユートピアが建設されてゆくのである。

人類は、永い地球生活によって造り出した〝法〟に反した塵や埃りで、神理をおおってきている。しかし、それをとり除くことによって、光明の神理は再び現われ、人類の心に安らぎを与え、調和への環境が造り出されて行くのである。

今、人類は、きびしい混乱の社会生活を体験しているが、それはあくまでも、やがてくる光明のユートピアへの試練なのである。

第六章　心行

（全文とその概説）

心《しん》　行《ぎょう》

心行は、宇宙の神理、人間の心を、言霊によって表現したものである。それゆえ心行は、拝むものでも、暗記するものでもなく、これを理解し、行なうものである。正法は、実践のなかにこそ、生命が宿ることを知れ。


われいま見聞し、正法に帰依することを得たり。

広大なる宇宙体は、万生万物の根元にして、万生万物相互の作用により、転生輪廻の法に従う。

大宇宙大自然界に意識あり。

意識は大宇宙体を支配し、万生万物をして調和の姿を示さん。

万生万物は、広大無辺な大慈悲なり。

大宇宙体は意識の当体にして、意識の中心は心なり。

心は、慈悲と愛の塊りにして、当体・意識は不二なることを悟るべし。

この大意識こそ、大宇宙大神霊・仏なるべし。神仏なるがゆえに、当体は大神体なり。

この現象界における太陽系は、大宇宙体の小さな諸器官の一つにすぎず、地球は小さな細胞体なることを知るべし。

当体の細胞なるがゆえに、細胞に意識あり。

かくの如く、万物すべて生命にして、エネルギーの塊りなることを悟るべし。

大宇宙体は、大神体なるがゆえに、この現象界の地球も神体なり。

神体なるがゆえに、大神殿なるべし。

大神殿は万生魂の修行所なり。

諸々の諸霊、皆ここに集まれり。

諸霊の輪廻は三世の流転、この現象界で己の魂を磨き、神意に添った仏国土・ユートピアを建設せんがためなり。

さらに、宇宙体万生が、神意にかなう調和のとれた世界を建設せんがため、己の魂を修行せることを悟るべし。

過去世、現世、来世の三世は、生命流転の過程にして、永久に不変なることを知るべし。

過去世は己が修行せし、前世、すなわち、過ぎ去りし実在界と現象界の世界なり。

現世は生命・物質不二の現象界、この世界のことなり。

熱・光・環境一切を含めて、エネルギーの塊りにして、われら生命意識の修行所なり。

神仏より与えられし、慈悲と愛の環境なることを感謝すべし。

来世は次元の異なる世界にして、現象界の肉体を去りし諸霊の世界なり。

意識の調和度により、段階あり。

この段階は、神仏の心と己の心の調和度による光の量の区域なり。

神仏と表裏一体の諸霊は、光明に満ち、実在の世界にあって、諸々の諸霊を善導する光の天使なり。

光の天使、すなわち諸如来、諸菩薩のことなり。

この現象界は、神仏より、一切の権限を光の天使に委ねしところなり。

光の天使は、慈悲と愛の塊りにして、あの世、この世の諸霊を導かん。

さらに、諸天善神あり。諸々の諸霊を一切の魔より守り、正しき衆生を擁護せん。

肉体を有する現世の天使は、諸々の衆生に正法神理を説き、調和の光明へ導かん。

この現象界におけるわれらは、過去世において、己が望み両親より与えられし肉体という舟に乗り、人生航路の海原へ、己の意識・魂を磨き、神意の仏国土を造らんがため、生まれ出たることを悟るべし。

肉体の支配者は、己の意識なり。

己の意識の中心は心なり。心は実在の世界に通じ、己の守護・指導霊が、常に善導せることを忘れるべからず。

善導せるがために、己の心は、己自身に忠実なることを知るべし。

しかるに諸々の衆生は、己の肉体に、意識・心が支配され、己が前世の約束を忘れ、自己保存、自我我欲に明け暮れて、己の心の魔に支配され、神意に反しこの現象界を過ぎ行かん。

又、生老病死の苦しみを受け、己の本性も忘れ去るものなり。

その原因は煩悩なり。

煩悩は、眼・耳・鼻・舌・身・意の六根が根元なり。

六根の調和は、常に中道を根本として、己の正しい心に問うことなり。

己の正しい心に問うことは、反省にして、反省の心は、己の魂が浄化されることを悟るべし。

己自身は孤独に非ず、意識のなかに、己に関連せし守護・指導霊の存在を知るべし。

守護・指導霊に感謝し、さらに反省は、己の守護・指導霊の導きを受けることを知るべし。

六根あるがゆえに、己が悟れば、菩提と化すことを悟るべし。

神仏の大慈悲に感謝し、万生相互の調和の心が、神意なることを悟るべし。

肉体先祖に報恩供養の心を忘れず、両親に対しては、孝養を尽くすべし。

心身を調和し、常に健全な生活をし、平和な環境を造るべし。

肉体保存のエネルギー源は、万生をふくめ、動物・植物・鉱物なり。

このエネルギー源に感謝の心を忘れず、日々の生活のなかにおいて、己の魂を修行すべし。

己の心、意識のエネルギー源は、調和のとれた日々の生活のなかに、神仏より与えられることを悟るべし。

己の肉体が苦しめば、心悩乱し、わが身楽なれば、情欲に愛着す。

苦楽はともに、正道成就の根本にあらず。

苦楽の両極を捨て、中道に入り、自己保存、自我我欲の煩悩を捨てるべし。

一切の諸現象に対し、正しく見、正しく思い、正しく語り、正しく仕事をなし、正しく生き、正しく道に精進し、正しく念じ、正しく定に入るべし。

かくの如き、正法の生活のなかにこそ、神仏の光明を得、迷いの岸より悟りの彼岸に到達するものなり。

このときに、神仏の心と己の心が調和され、心に安らぎを生ぜん。

心は光明の世界に入り、三昧の境涯に到達せん。

（この諸説は末法万年の神理なることを悟り、日々の生活の師とすべし）

心行概説

読者はこれを読まれてどのように感じられたか。おそらく現代語による経文、ないしは経文と同じように、意味がよくわからない、だいいち、「心行《しんぎょう》」とはどういうことかと、まず標題そのものに疑問を持たれたにちがいない。

「心行」の意味については、すでに第一、二章で述べた。すなわち、第一、第二章は「心行」の解説といってもいいのである。

本文と解説をわけた理由は、「心行」は、正法という人間そのものを理解されていればいいが、なじみの薄い一般読者に、これをいきなりおみせしては戸惑いを与えるだけだと思い、最後の章に持ってきたわけである。

さて「心行」についてその趣旨を説明したい。

「心行」とは、心と行ないということである。

すでに「心行」を読まれて薄々気づかれたとおもうが、人間を含めた大宇宙は常に相互に関係し合って動いている。太陽系一つとっても、太陽を中心に九つの惑星が相互に関係し、太陽系という体を形作っている。地球や火星が一つ欠けても、太陽系の存立ははかれない。

地上の生活にしても、動、植、鉱物の相互関係がなければ成り立たないのである。

その相互関係は何に基因するか、それは大自然の意識である。秩序整然とした意識の働きがあればこそ、大宇宙も、地上の生活環境も、調和されている。生命の神秘をみる時に、私達はそこに、偉大な大自然の叡智を発見しよう。神の心である。

もしも、自然のそうした相互関係が、ただの偶然の連続によって生じたとすれば、地球はとうの昔に滅びていよう。地球誕生にはさまざまな説があろうが、地球という球体ができたのは、今から約三十三億年も前である。その当時の地球は、いわば火の玉であり、太陽のように燃えさかっていた。生物が住めるようになったのは今から約六億年も前のことである。それまでの地上は、火山の爆発や氷河時代を繰り返した。大宇宙の時の流れからすると、六億年という歳月は一瞬のできごとかも知れない。しかし地球が太陽の周囲を公転しはじめて、すでに数十億年、その軌道は、昔も今も変わらない。偶然にしては、あまりにできすぎていると思うのが当然ではないか。

しかも極大の大宇宙と極微の素粒子には、核と電子の相互関係がみられるという事実を知るならば、そこに大自然の意思、意識、心というものを感得しないわけにはいかない。

私はこうした事実を、客観的に、主観的にとらえることができた。

ただ皆様に説明する場合には、主観的では納得されないために、右のような説明になってくるのである。

大宇宙には心が存在する。そうしてその心は私達の心にも同通している。

客観的にこれを説明すると、太陽の熱・光に強弱がない、空気に増減がない、一日は昼と夜とがあって、決して一方に偏らない。つまり、大自然の心は、私達に中道という調和ある秩序を教えている、ということになる。太陽の熱・光が強くなったり、弱くなったらどうなるだろう。地上の生命は生きてはいけまい。空気が増えたり減ったりしても同じことがいえよう。

私達の生活態度も、食べすぎれば腹をこわし、惰眠をむさぼれば体力に抵抗力を失う。しかし、もっと体に影響を与えるものは心だ。心配事があれば食欲は減退し、睡眠がさまたげられる。どなったり、腹を立てれば血行が悪くなる。怒りの息が大変な毒性を持っていることを知っている人は少なかろう。

大自然は調和という中道の心を教えている。

人間の体も、無理はいけないし、怠惰もいけない。心についても、怒ったり、悲しんだりすれば、体に、精神に、悪い影響を与える。肉体も、心も、中道に適った生活行為、つまり正しい想念と行為が必要なのである。

大自然は、そのことを教えている。同時に、大自然の心にさからえば、その分量だけの苦しみがついてまわることも教えているのだ。

中道とは足ることを知った生活である。欲望にほんろうされない自分自身を確立することだ。生老病死の苦しみは、こうした中道の心を失った自我と、執着した想念、心にあったのである。

人間は大自然界の中で生活している。大自然から離れて生活はできない。このことは大自然の心と同通しているからなのだ。

「心行」とは、足ることを知った心で生活し、報恩という行為を示していくことである。

中道の精神で、毎日を生活しなさい、ということなのである。

「心行」は、大宇宙の相互関係と、人間の関係、そして、すべてのものが循環され、その循環が、大宇宙の心、中道を軸にして回転し、人間の魂もまたこうした正しい循環の過程の中で育まれ、調和という目標に向かって、転生輪廻を重ねて行く永遠の生命体であることを、極めて平易に、端的に、文字で表わしたものである。

物事にはすべて柱というものがあるが、「心行」の柱となるものは、

〝大自然という神の心〟

〝永遠の生命体を維持する循環の法〟

〝慈悲と愛〟

の三つである。

この三つが「心行」を形作り、私達を生かし続けているものである。

「心行」はそれゆえに、心の教えであり、生活の規範である。

したがって、これは暗記するものではない。これを理解し、実践して行くものだ。実践の過程を通して、私達は、大宇宙の中道の心に調和され、真の安らぎが体得できるも

のである。

ところで言葉というものは波動である。経文の読誦《どくじゅ》もただ読み上げるだけでは意味を持たない。経文の意味を理解し、実践している者が読誦する時は、その言葉の波動はあの世の天上界にまで通じ、人びとを感動せしめていくものである。

言葉は本来、言魂《ことだま》といって、もともと光の粒子からできており、言葉を発する人の心の在り方いかんで、言葉の一つ一つが、光の玉となって、空間に流れ出ていく。光の玉はふつう肉眼ではわからない。霊視のきく人、あるいは四次元の世界からみると、この点は実にはっきりと見える。

人の話に感動する、ないしは笑いや怒りが出る場合は、話す側の心と、これを受け取る人の精神状態によってちがってこよう。しかし、純な心で話す場合は、これを受け取る側に邪心があっても、大抵はその邪心は消えていってしまう。話はスジが通ってわかるが、さっぱり気持がそれについていかないというのもあるであろう。こうしたことは、話す側の心の在り方が聞き手に非常に大きな影響を与えているからだ。純な心は光であり、わだかまりがあると光が黒い塊りとなって相手に伝わって行くので、反作用を呼び起こすことになる。

ちょっとした寺にいくと釣鐘《つりがね》がある。あの釣鐘の音色も、これを打つ人の心によって、ひびきがちがってくる。ゴーンという鐘の音は誰が打っても同じだと思うが、打つ人が常日頃、心の研鑽を怠っていなければ、その鐘の波動はあの世の天上界にまで達し、その人に返ってくるばかりか、その鐘の波動は、人びとの心に伝わり浄化してくれるのである。

経文の読誦、朗読というものも、まったくこれと同じである。正しき心と行為をしている者がすると、その声の波動は金剛界にまで通じ、再びその人にその波動が返って来て、心の統一、安らぎを一層、助長していくものだ。

「心行」の朗読は、そうした意味では大切なものだし、しないよりされた方がよいということになる。ただ、書かれている意味もわからず、おがめばご利益があるということでは駄目である。

般若心経はどこでも読まれている。有り難いお経であり、したがって写経も良し、読誦もまたご利益があると伝えられている。しかしその意味もわからず、行為のないものが、朝晩上げても光は届かない。

今日の仏教は、経文をあげたり、写経自体にウエイトがかかり、日頃の想念と行為については問題にしていないところに問題があろう。

「心行」は、そうした意味において、真意をよく理解し、それを現実の生活の上に現わし、そしてその心で朗読されるならば、一の言魂は、二になり、三になって、心の安らぎを増していくであろう。

「心行」の解説は、第一、第二章で述べてきた。そこで「心行」の全文と参照されながら、「心行」の意味を理解され、夜寝る時に、床の上で静かに朗読され、その日一日の想念行為を反省し、過失《あやまち》を正し、中道の心に一日も早く修正されることを望むものである。

高橋信次 著作集　心と人間シリーズ

心の原点 （新装改訂版）	**失われた仏智の再発見** 人間の生い立ちとその目的、役割、自然と人間の関係を体系的にまとめ、人間の核心にふれる現代の聖書。 新書判　定価 1,375 円（税込）
心眼を開く （新装改訂版）	**あなたの明日への指針** 世が末期的症状を呈して来るとオカルトに対する関心が強くなる。こうした傾向に警告し、心の尊厳さをさまざまな角度からとらえ、解明した珠玉のエッセイ集。 新書判　定価 1,100 円（税込）
心の指針 （新装改訂版）	**苦楽の原点は心にある** 間違った信仰、人間の精神構造、八正道、一般読者の質問に答えた神理問答集、祈りの意義など、初心者向けの神理の普及判である。　新書判　定価 1,100 円（税込）
心の対話 （新装改訂版）	**人のことば　天のことば** 人生、仕事、宗教、宇宙などを明快に解きあかし、生きる意欲を与える珠玉の問答集として評判。 新書判　定価 1,100 円（税込）
人間・釈迦 （新装改訂版）	**①偉大なる悟り ②集い来たる縁生の弟子たち** **③ブッタ・サンガーの生活 ④カピラの人びとの目覚め** 本書は何人も為し得なかった釈迦の出家と悟りをもっとも平易に、その全貌を明らかにした名作。 新書判　各巻　定価 1,100 円（税込）
悪霊 （新装改訂版）	**Ⅰ あなたの心も狙われている　Ⅱ 心がつくる恐怖の世界** 本書はノイローゼ、精神病の実例をあげ悪霊に支配された人びとが神理によって救われてゆく記録。 新書判　各巻　定価 1,375 円（税込）
愛は憎しみを越えて （新装改訂版）	幼少の頃より受けた厳しい差別や偏見で人間不信へと心が荒み、欲望の渦へと巻き込まれて行く一人の守銭奴を描く。その主人公が、生と死の谷間で己自身の姿を見つめ、人生の意義、愛にふれる場面は感動的である。 新書判　定価 1,430 円（税込）
原説・般若心経 （新装改訂版）	**内在された叡知の究明** 新書判　定価 1,375 円（税込）
心の発見 （新装改訂版）	（現証篇）定価 1,430 円（税込） （科学篇）定価 1,320 円（税込） （神理篇）定価 1,320 円（税込）
天と地のかけ橋	釈迦の苦悩から悟りへと至る過程を美しいイラストと共に描いた、子供から大人まで幅広い層に読まれる絵本。　定価 1,980 円（税込）

高橋佳子 著作集

ゴールデンパス ――― 絶体絶命の中に開かれる奇跡の道
今、あなたが直面している試練、抱えている問題、やっかいな出来事の中に、ひとすじの光り輝く道（ゴールデンパス）がある！
四六判並製　定価 1,980 円（税込）

自分を知る力 ――― 「暗示の帽子」の謎を解く
自分を知ることは人生最強の力。心のタイプがわかる「自己診断チャート」とともに、その力の育み方を解説。
四六判並製　定価 1,980 円（税込）

最高の人生のつくり方 ――― グレートカオスの秘密
「最高の力の源泉」を引き出す方法を伝授。「そんな道があったのか！？」と誰をも唸らせる驚きに満ちた本。
四六判並製　定価 1,935 円（税込）

あなたがそこで生きる理由 ――― 人生の使命の見つけ方
「なぜ私はここにいるのだろう？」その謎を解くと、あなただけが果たせる使命が見えてくる！
四六判並製　定価 1,834 円（税込）

運命の逆転 ――― 奇跡は１つの選択から始まった
運命はどうにもならない。あなたは、そう思っていませんか？　しかし、運命は根こそぎ変えることができます。その「力」と「法則」をあなたに――。
四六判並製　定価 1,834 円（税込）

未来は変えられる！ ――― 試練に強くなる「カオス発想術」

思い出したくない過去を乗り越え、未来を変える方法を伝授。実際に未来を変えた４人の奇跡のノンフィクションが人生の解答を与える。

四六判並製　定価 1,650 円（税込）

１億総自己ベストの時代 ――― 人生の仕事の見つけ方
５人の真実の物語と共に、「私はこのために生まれてきた」と思える人生の仕事＝ミッションワークの探し方を解説。
四六判並製　定価 1,980 円（税込）

12の菩提心 ――― 魂が最高に輝く生き方
「月」「火」「空」「山」「稲穂」「泉」「川」「大地」「観音」「風」「海」「太陽」。12の菩提心をイメージし、エネルギッシュで慈しみと包容力に満ちた自分を取り戻す。
四六判並製　定価 1,980 円（税込）

新・祈りのみち ――― 至高の対話のために
音楽を聴くように、「ことば」のリズムに合わせるだけで本当の自分をとりもどす新しいライフスタイルブック。40万人に読み継がれているロングセラー。
小Ｂ６サイズ上製　定価 2,619 円（税込）

心の原点　失われた仏智の再発見

昭和 48 年 9 月 1 日 第 1 版 第 1 刷発行

新装改訂版
平成 27 年 3 月 18 日 第 2 版 第 1 刷発行
令和 3 年 8 月 6 日 第 2 版 第 2 刷発行

著　者　　高橋信次
発行者　　仲澤　敏
発行所　　三宝出版株式会社
〒111-0034 東京都台東区雷門 2-3-10
TEL.03-5828-0600（代）　FAX.03-5828-0607
http://www.sampoh.co.jp/
ISBN978－4－87928－098－5
印刷所　　株式会社アクティブ

写　真　　岩村秀郷
装　丁　　今井宏明

無断転載、無断複写を禁じます。
万一、落丁、乱丁があったときは、お取り替えいたします。